HOW TO BE A BRILLIANT THINKER

Exercise your mind and find creative solutions

Paul Sloane

ポール・スローンの

# 思考力を鍛える30の習慣

黒輪篤嗣＝訳

二見書房

# 序

これまでの人生で、最高に幸運だったと思えるのは、あるカンファレンス・ディナーで、たまたまポール・スローンの隣の席になれたことだ。もしあのとき、席がひとつでもずれていたら、ポールとは一生、巡り会っていなかったかもしれない。

話をしてみると、ポールはわたしと同じように、人間の思考、とくに水平思考というものに興味を持っていることがわかった。そこから、その後長年続くことになるわたしたちのコラボレーションが始まり、それがやがて何冊もの水平思考パズルの本として結実した。わたしはポールから多くのことを学んだし、ポールも少しはわたしから学ぶことがあったと思う。ふたりで協力することで、わたしたちはひとりのときよりもはるかにすばらしい成果を上げられた。

人類がこれまで長いあいだ、あらゆる困難に見舞われながら、種として生きのびてこられたのは、考える力に負うところが大きい。

わたしたちは頭を使うことで、自然や、その構成要素や、環境や、病気や、エネルギーや、食物連鎖や、そのほか人類の存続を脅かしもすれば、助けもするさまざまなことについて、理解してきた。もちろんまだわかっていないこと、解明の待たれていることも、たくさんある。

しかし理解を深め、解明できる範囲を広げることは以前よりしやすくなった。なぜなら、わたしたちは考えるということについて考えることができるからだ。

本書『思考力を鍛える30の習慣（*How To Be A Brilliant Thinker*）』でポール・スローンは、思考法の総合的なガイドブックを書いた。思考法の本によく見かけられる欠点は避けられていて、理論面もしっかりしていれば、その一方で、おそらくそれより肝心な、実際的なアドバイスの面も充実している。

また、ごくふつうの人間のなかにもいる思考の達人たちが、いかに新しい画期的な思考法を取り入れ、さまざまな成功を収めているか、その実例もふんだんに紹介されている。この本を読んで、内容を理解し、それでも思考力が高まらない、思考の達人に近づけないなんてことは、ありえないと思う。

わたしはコーク大学で問題解決法の講義を受け持っている。その講義は数学の学位取得のための一単位だが、授業では当然、一般的な問題やその解決法も扱う。

世界には急いで解決しなくてはならない課題が山のようにある。地球温暖化、貧困、食糧供給、薬物の弊害、平和の維持などなど（世界が直面する課題をリストアップしてみよう。それも思考のトレーニングになる）。

これらの課題に対する新しい創造的な解決策を打ち出すことや、新しい思考法――分析的に考える、水平的に考える、ユーモアをまじえて考えるなど、本書にはさまざまな思考法が紹介されている——を築くことが、いま切実に求められている。

言うまでもなく、斬新な発想のできる若い頭脳がそこでは重要な役割を担う。しかし経験を積んだ世代の役割も、同じぐらい重要だ。

実際、いまのわたしたちの思考は、だいぶ時代に合わなくなってきている。仕事を失ったら、トレーニングを受け直して、新しい技能を身につけなくてはならない。それと同じで、わたしたちはいま、思考のトレーニングを受け直す必要がある。

最後にちょっといいことをお教えしよう。それは誰でも思考の達人になれるということだ。一生かけて学ぶつもりで、この本に書かれていることを実践し習慣づけ、すでに持っている能力を伸ばしていけばいい。しかも思考力を磨くのは、とても楽しい。きっと服を着たままする行為のなかでは、いちばん楽しいと感じられるはずだ。さっそくトレーニングを始めよう!

デス・マクヘール
著述家・コーク大学数学科准教授

# 目次

目次

ポール・スローンの

# 思考力を鍛える 30の習慣

# 1 なぜ考えかたを変えるのか

The need for different thinking

わたしたちは習慣で生きている。毎朝、ベッドの同じ側から降りる。前日と同じような服を着て、同じような朝食を食べ、同じ車に乗り、同じ道を通って会社や学校に行く。会社や学校でも、前日と同じような考えかたでものごとを考える。

日々の考えのほとんどは、決まりきった型——分析的、集中的、批判的な左脳の思考——にはまっている。そういう状態が当たり前になっているので、思考力がそのせいでどれほど大きく損なわれているかには、なかなか気づけない。考える方法や、考えを表現する方法はほかにいく通りもある。

わたしたちは言葉で、考えを表現する。しゃべるとか、文字を使うとか、メモやメールやレポートを書くとかいう行為はとても自然なことに思える。だから、わざわざそれを省《かえり》みて、もっとよいやりかたを探そうとする者はあまりいない。

しかし数学者は方程式で、会計士は数字で、画家は絵で、作曲家は音楽で、建築家は図面で、エンジニアは模型で、映画監督は映像で、演説者は名文句や逸話で、自分の考えを表現する。そういう方法からわたしたちはもっと学んでもいいのではないか。

この本では、いろいろな思考法や、知的な課題の解きかたを探究していきたい。まずは集中的思考と拡散的思考から始めよう。わたしたちがふだんしているのは、集中的思考だ。なんらかの提案がなされると、わたしたちは反射的にそれについて検討し、批判し、重要度を分析する。

その際、たいがいは欠点に目が向けられる。高校や大学では文学作品や歴史や科学の文章を読んで、要約したり、吟味したり、評価したりするという訓練を受ける。

わたしたちにとって、あるひとつのことに着目して、さまざまな角度からそれに批判的な検討を加えるというのは、容易であり、自然なことでもある。そこでは自分の思い込みや考えかたは省みられず、新しいアイデアも、それまでの自分のものの見方のフレームワークに組み込まれる。

一方、拡散的思考では、中心的なテーマから離れ、さまざまな方向へ思考が広がる。拡散的思考をするときには、一見、もとの課題や考えとは関係のないような、ありとあらゆるアイデアを思いつける。考える範囲を限定せず、想像力をめいっぱい働かせて、突飛なことや無根拠なことも含め、さまざまな可能性を考える。厳密に的を絞って、選択肢を狭め、あらかじめ決めていた解決策にたどりつこうとする集中的思考とは、正反対の思考法だ。

加えて、人間には困った性癖がある。それは自分の考えに都合のいい証拠ばかりを見たり、集めたりするという性癖だ。これはロンドン大学のピーター・ウェイソンによる有名な心理実験で証明されている。

## 古い考えかたを捨てる

ウェイソンは学生に三つの数字——2、4、6——を見せて、それらの数字はある規則にもとづいて並んでいると告げた。学生に与えられた課題は、いろいろな三つの数字の組み合わせを試すことで、その規則を推測することだった。学生から三つの数字の組み合わせが示されるたび、ウェイソンはそれが規則にかなった組み合わせであるかどうかを教えた。

ほとんどの場合、学生は2、4、6に似た組み合わせを試した。たとえば、6、8、10などのような組み合わせだ。これが規則にかなっていると言われると、学生は「2ずつ増える」が規則だと推測した。それは不正解だった。

そこで学生はふたたび別の組み合わせを試した。次は、3、6、9。これも規則にかなっていると言われた。そこで学生は「一倍、二倍、三倍」が規則だと答えた。これもやはり不正解で、同じようなやりとりが続いた。

学生たちは数字の増大のなかになんらかのパターンを見いだすことにこだわって、その想定に沿った組み合わせばかりを試した。実は、正解は「数が増える」だった。だから3、29、331でもいいし、978、979、6783４でもよかった。

みなさんも誰かにこの実験をしてみたら、きっと同じ結果になるだろう。ほとんどの人はすぐに規則を推測し、あとはその正しさを確かめるためにのみ、さまざまな数字の組み合わせを考えるにちがいない。だから毎回、規則にかなった組み合わせを示せるのだが、規則は言い当てられない。たとえば10、10、10のように、最初の推測に反した組み合わせを試そうとする者は、きわめてまれだ。

こういう思考の癖はそれぞれのものの見かたを反映する。わたしたちは先入観を持っていて、その正しさを裏付けてくれる証拠を探そうとする。もし「すべてのリスは灰色だ」という観念を持っていたら、灰色のリスを見るたびに、その確信は強まる。しかし灰色のリスを見るだけでは、その観念の正しさは証明されない。

わたしたちがするべきなのは、灰色ではないリスが一匹でもいないかどうかを確かめることだ。もしそれが見つかれば、古い考えかたを捨てて、知識を更新できる。オーストラリアで黒い白鳥が発見されたと伝えられたとき、ヨーロッパの人間はそれを信じようとしなかった。従来のものの見かたに合致しない事実だったので、受け入れられなかったのだ。

## 思考法を使いわける

ものにはいろいろな見かたがあり、それらはどれも不完全であることを、思考の達人は知っている。誰にでもその人なりのものの見かたがあるが、それは数多くある見かたのうちのひとつにすぎないことは、常に忘れてはいけない。たとえそれがどんなにすぐれた体系を持っていても、完全ではないので、新しい情報によってたえず更新される必要がある。

アイザック・ニュートンは万有引力や運動の法則を発見して、世界についてのわたしたちの理解を前進させてくれた。ニュートンの理論はとてもすばらしく、数百年にわたって科学の発展に貢献した。しかしそれも、アルベルト・アインシュタインの一般相対性理論が登場するまでだった。さらにアインシュタインの宇宙論も、常に検討を加えられ、新しい理論の登場のたびに修正されている。

アインシュタインはかつて「想像力は知識よりたいせつだ」と語った。拡散的思考は想像力を使って、あらゆる新しい可能性を探る。

一方、集中的思考は知識を使って、ひとつの考えを検証し、それがどういう考えかたに一致するかを明らかにする。残念ながら、既存の知識や理論に反した考えに対しては、自然と拒絶反応を示してしまうというのが、人間の性質だ。

拡散的思考では、あらゆる角度からものごとを考えてみようとする。非常識な考えも、時代遅れな考えも、ばかげた考えも、奇抜な考えもすぐには退《しりぞ》けず、一度は検討してみる。これはとても重要なことなのだが、あまりそうしている者はいない。

集中的思考の厳密さは役に立つこともあれば、行きすぎてしまうこともある。ブレインストーミングでは、話し合いを二段階に分けることで、ふたつの思考法をじょうずに使い分けている。

ブレインストーミングのグループは課題を示されると、まず拡散的思考によって、できるだけたくさんの案を出し合う。そのなかにはばかげた案や、非現実的な案も多く含まれるが、それには意味がある。そういう案が刺激となっていろいろな有用な案が引き出されるからだ。案がじゅうぶんに出そろったら、次は、集中的思考を働かせて、それらの案の評価を行ない、いちばんよい案を選ぶ。

ここでのポイントは、ブレインストーミングの段階に応じて、ふたつの思考法を使い分けるということだ。もし最初の段階で集中的思考と拡散的思考とを同時に使ったら、案が出されるそばから評価されたり、批判されたりするので、想像の泉はきっと枯れてしまうだろう。

思考の凡人はなかなか集中的思考の習慣から抜け出せない。

しかし思考の達人は両方の思考法を使い分けられる。分析や、計算や、批判や、判断が必要なときもあるが、そういうアプローチをしすぎると、考えが制限されたり、窮屈になったり、場合によっては行きづまったりする。いろいろな可能性を探り、異なる角度から問題にアプローチし、水平的に（つまり側面から）問題に取り組むことが、思考の達人になるためには欠かせない。拡散的思考と集中的思考の両方が求められる。

一九五三年、ケンブリッジのクリックとワトソンがＤＮＡの構造を解明したときには、まず拡散的思考を使ってあらゆる配列や組み合わせの可能性が探られた。そして次に集中的思考によって、可能性が絞り込まれ、ひとつの正しい答え——二重らせん構造——が導き出された。

作曲家が曲を作るときも、まず拡散的思考によって、斬新なメロディーや曲の展開が生み出される。しかし作曲家は意識的または無意識的に、集中的思考を働かせて、耳に心地よい曲になるようハーモニーやコード進行や全体の構成を整えている。

集中的思考は役に立つツールだが、それが道具箱のなかの唯一のツールになってしまってはいけない。そこに想像力や拡散的思考を加えられれば、もっと創造性を引き出せ、思考力を何倍にも、何十倍にも高められる。

# 2 反対のことを考える
Consider the opposite

一九九二年、レイチェル・ニッケルがロンドン郊外のウィンブルドンコモン公園で惨殺された。警察は犯人の捜査に、犯人の心理プロファイルを作成したという専門家を加えた。やがて容疑者コリン・スタッグが逮捕された。

事件当日、公園で犬の散歩をしていて、プロファイルとも一致する人物だった。スタッグが事件に関わったことを示す物的証拠はほとんどなかったが、警察はスタッグを犯人と確信し、あの手この手で自白を引き出そうとした。しかし自白は引き出せなかった。それでも警察は起訴に踏み切り、裁判所から起訴を棄却された。

結局、二〇〇八年、ロバート・ナッパーという人物がレイチェル・ニッケル殺害の容疑で有罪判決を言い渡された。ナッパーは一九九二年にも取り調べを受けたが、そのときには釈放されていた。

十三カ月間拘留されたスタッグには、公式の謝罪と七十万六千ポンド(当時のレートで約一億四千万円)の賠償金が与えられた。警察がスタッグを犯人と確信して以降、反対の証拠を無視し、スタッグを有罪にするために全力を注いだことは明らかだった。

このように思い込みに縛られ、反対の証拠を無視するという習慣は、人間の思考の大きな弱点のひとつだ。

前の章でピーター・ウェイソンの有名な実験を紹介した。ウェイソンは異なる被験者を使って、同じ実験を何百回も行なっている。それによって、被験者は自分の考えたパターンに合致した数字の組み合わせしか、試そうとしないことが確かめられた。自分の考えを疑って、それとはちがった組み合わせを試してみようとする被験者は、きわめてまれにしかいなかった。いったん仮説を抱くと、その正しさを示す証拠を探そうとし、その反証からは目を背けようとする傾向が人間にはある。

もう少し複雑な例を紹介しよう。いま、あなたの前に、四枚のカードが並べられているとする。片面には数字が、もう片面にはアルファベットが書かれているカードだ。四枚のカードはそれぞれ次の数字やアルファベットを示している。

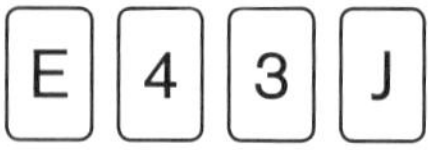

ここで質問だ。最小枚数のカードをめくって、「カードの片面に母音が書かれている場合、そのカードのもう片面には奇数の数字が書かれている」というルールが正しいかどうかを確かめるには、どのカードをめくるのがいいか。ちょっと時間を取って、考えてみてほしい。

ほとんどの人はEと3のカードをめくるだろう。

それは次のような考えからだ。もしEのカードの裏側に奇数が書かれ、3のカードの裏側に母音が書かれていれば、どちらもルールが正しいことの証拠になる。たしかにそのとおりだが、証拠となる例がふたつあるだけでは、ルールの正しさは証明できない。

たとえば、もしみなさんと高速道路を走っていて、わたしが「スポーツカーの運転手は、いつも制限速度を守らない」と言ったとしよう。そしてその後、二台のスポーツカーが立て続けに、明らかに速度違反とわかる猛スピードでわたしたちを追い抜いていったとしよう。

これはわたしの発言が普遍的に正しいことを証明してくれるだろうか？　もちろん、証明してくれない。猛スピードで走るスポーツカーが何台通りすぎたとしても、のろのろと走るスポーツカーが一台あらわれるだけで、わたしの主張はくつがえされる。カードの場合も同じだ。

Eのカードをめくることは、ルールの誤りを示しうるので、役に立つ。もしEの裏に偶数が書かれていれば、ルールは誤りだったということになる。Jのカードは役に立たない。裏に何が書かれていても、ルールの正否には関係しないからだ。

3のカードはおもしろい。もしその裏に母音が書かれていれば、ルールの正しさのひとつの証拠となるが、ルールがまちがいであることは証明できない。もし裏に子音が記されていたら、ルールとは関係のない組み合わせなので、なんの証拠にもならないからだ。

というわけで、この問題の正解は、「E（上述の理由で）と4のカードをめくる」となる。もし4の裏に母音が書かれていれば、ルールの誤りを証明できるからだ。

## なぜ考えかたを変えられないのか

ここで注目したいのは、証拠となる例がいくらあっても、ルールの正しさは証明できないが、反証となるひとつの例によってルールのまちがいは証明できるということだ。

先ほども触れた有名な例だが、「すべての白鳥は白い」というルールを考えてみよう。もし北半球に住んでいたら、このルールの正しさを示す証拠を、一生のあいだに何千と目にできるだろう。しかしオーストラリアに一度旅行して、黒い白鳥を一度目撃しただけで、ルールのまちがいは証明される。

## 2 反対のことを考える
Consider the opposite

仕事で、社会生活で、人生のさまざまな局面で、わたしたちは仮説を立てて、状況を理解しようとする。どんなときも、もっともらしい説明を考え出そうとせずにはいられない。そして、いったんなんらかの納得できる説明が得られると、執拗にそれにこだわる。その正しさを示す証拠を見つけようとし、その反対の証拠からは目をそらそうとする。

思考の達人は、仮説とはワーキングモデルであり、ほかのもっとすぐれた仮説によって誤りを指摘されれば、役に立たなくなることを知っている。

ニュートンの運動の法則は数百年間、信頼できるツールとして使われたが、それはアインシュタインによってもっと完全な宇宙論が打ち立てられるまでだった。同じようにアインシュタインの理論が最高のワーキングモデルとして使われるのも、いつか誰かによって欠点が指摘され、もっとよい理論が発見されるまでだ。

フランシス・ベーコンが次のように述べている。

「人間の知能はひとたびある意見を持つと、それと一致し、その正しさを証してくれるあらゆるものを集めようとする。そしてその意見とは合わないもっと多くの、もっと重要な例が見つかったとしても、それらは無視されるか、軽視されるか、あるいはなんらかの区分によって脇へやられるか、否定されるかする」

なぜわたしたちはなかなか自分の考えを変えられないのか。心理学者スチュアート・サザーランドによれば、五つの要因があるという。

**1 自分の考えをくつがえされるかもしれない証拠には、わたしたちはみずからはけっして向き合おうとしない。**

**2 そういう証拠を突きつけられても、多くの場合、それを信じることを拒む。**

**3 なんらかの考えを持っていると、その考えに合うようにものごとを解釈するので、新しい証拠をありのままには受け入れられない。**

**4 わたしたちは自分の考えと調和することを選択的に記憶する。**

**5 わたしたちは自尊心を守ろうとする。**

どうしたら、反対のことを考えられるのか?

とても単純なことだ。いったん自分の考えを脇にやって、「もし〜だったら、どうなるか」と考えてみればよい。もし自分の想定していることが全部まちがいだったら、どうなるか。もし自分が正しいと思っていることが正しくなかったら、どうなるか。もし自分の考えとは反対のことが正しかったら、どうなるか。

思考の達人は確信をよしとしない。あいまいさや、複数の解釈や、確信のなさをよしとする。

# 3 思い込みと向き合う

Confront assumptions

人生のどんな局面においても、どんな問題に取り組むときも、必ず、そこにはなんらかの思い込みがあって、そのせいで、解決策の幅は狭められている。思考の達人は常に思い込みに気をつけ、それと向き合おうとする。

大型の淡水肉食魚ノーザンパイクの話がある。ガラスの板でふたつに仕切られた水槽にノーザンパイクが放された。仕切りの反対側には、小さな魚がたくさん泳いでいた。ノーザンパイクは仕切りの向こう側の小さな魚を何度も食べようとしたが、そのたびにガラスの板にぶつかった。その後、ガラスの板は取りはずされたが、ノーザンパイクはもはや小さな魚を襲おうとしなかった。小さな魚を食べようとしてもむだであり、痛い思いをするだけだと学んだからだった。

わたしたちはしばしばこの「ノーザンパイク症」を呈する。過去の経験のせいで、似ているが異なる状況に対して、誤った思い込みを抱いてしまうという症状だ。

次の絵を見てほしい。しばらく眺めたら、工務店の人間が家の持ち主の苦情にどう答えているかを、考えてみよう。

**Q** この前、建て増ししてもらった部分が水漏れしてるんです。いつごろ直してもらえますか？　工務店はどう答えたか？

わたしたちのものの見かたはなかなか思い込みの枠内から出られない。

中世においては、天文学の定義は「地球の周囲を回る天体の動きを研究する学問」だった。その背後には、地球が太陽系の中心だという考えがあった。

一五一〇年、ポーランドの天才天文学者ニコラウス・コペルニクスが、太陽系の中心には太陽があり、ほかの惑星はすべてその周囲を回っているという説を唱えた。コペルニクスは惑星の動きを合理的に説明できたが、当時の支配的な考えとは真っ向から対立した。

原子は当初、最も小さく、それ以上分割できない物質の単位と定義されていた。そこには原子を細分化することはできないという思い込みがあった。その思い込みのせいで、長年、科学の進歩は妨げられた。そんな状態がようやく終わったのは、一八八七年、J・J・トムソンによって、原子の構成要素である電子が発見されたときだった。

一九三〇年代、英仏の軍の指揮官は、次のドイツとの戦争でもやはり第一次大戦のときと同様、大部隊と大部隊とが静止したまま対峙する展開になるだろうと考えた。そこでフランスはドイツとの国境線沿いに長大な防衛線を築いた。それは「マジノ線」と名づけられて、巨大な要塞も建てられた。

しかし一九四〇年五月に攻撃を開始したドイツ軍は、機甲師団や落下傘部隊を使って、中立国であるオランダとベルギーに侵攻し、マジノ線を迂回してきた。それは水平的な思考による作戦だった。英仏は裏をかかれ、フランスは五週間で陥落した。

軍事史をひもとけば、次の戦闘が前の戦闘と同じようになると決めつけることがいかに危険かを示す例は、枚挙にいとまがない。

ビジネスにも、さまざまな思い込みがある。たとえば、次のように誰かが言うのを聞いたことがあるだろう。

□「業界の価格水準は競争によって決まる」
□「たえず品質を高めねばならない」
□「最大の顧客が、最も重要な顧客だ」
□「チームとうまくやっていける人間を雇おう」

これらの考えはどれも、ほんとうにそうなのかどうか、あらためて検討してみるべきだろう。

古い常識は業界の新参者によって打破されることが多い。たとえば、

□ ヘンリー・フォードは、自動車は手工業で生産される、富裕者向けの高価な乗り物だという業界の思い込みに挑んだ。
□ アニータ・ロディックは、化粧品は高価な瓶に入れられるものだという思い込み

に挑んだ。ロディックの創業した小売りチェーン、ボディショップでは、化粧品はプラスチックの容器で売られている。

□ イケアは業界の思い込みを打破して、顧客に倉庫で家具を選ばせた。

□ サウスウェスト航空やイージージェットなどの格安航空会社は、チケットの発行や席の予約は旅行代理店で行なわれるものだという思い込みに挑んだ。

□ アップルは、パソコンは実用的な商品であり美的な商品ではないという思い込みに挑んだ。

思い込みはくつがえされるためにあると考え、それを打ち破ることに喜びを感じるのが、思考の達人だ。では、どうしたら、そういうことができるのか？　以下にいくつかこつを紹介しよう。

□ まずは、自分も含めてすべての人間が、無意識のうちに、あらゆる状況でなんらかの思い込みをしているということを認識する。

□ それらの思い込みを見つけて、打ち破るためには、根本的な疑問をいくつも投げかけてみるとよい。

□ 自分が従わされている基本原則や思い込みをリストアップして、そのひとつひとつについて、「この原則をあえて破ったら、どうなるか？」や「決まりと反対のことをしたら、どうなるか？」と考えてみる。

□ 完全な部外者になったつもりで、「そもそも、なぜそんなやりかたをしているのか？」と問うてみる。

□ 状況を理解するため、単純化して考えてみる。

□ ひとつの問題をまったくちがう言葉で言い換えてみる。

ミニコンピュータ時代に世界のイノベーションをリードしたＤＥＣのＣＥＯケン・オルセンは、かつて次のように語った。

「思い込んでいいのは、一般に信じられていることはすべてまちがいということだけだ」

さて、先ほどの家の絵に戻ろう。工務店の人間がここで口にした返答は、「申し訳ありません。すぐ調べて、修理いたします」だ。えっ、当たり前すぎる？　そうかもしれない。でも、あなたはひょっとして男性が工務店の人間だと思っていたのでは？　きっとそうだろう。それは思い込みだ。どこにもそんなことは書かれていないのだから。

ちょっと息抜きに、次の「意地悪クイズ」にチャレンジしてみよう。これであなたの思い込み度がチェックできる。どれも冗談をきかせた、ひねった問題だ。答えは巻末にて。

**Q1** 次の動物のうち、完全な暗闇でいちばんものが見えるのはどれか？　フクロウ、ヒョウ、ワシ。

**Q2** イギリスの王と女王の戴冠はどこで行なわれるか？

**Q3** アメリカ合衆国の副大統領が殺されたら、次の大統領は誰になるか？

**Q4** ひとつの牧草地に四つの干し草の山が、ほかのふたつの牧草地にそれぞれその二倍の数の干し草の山があった。農場主はそれら三つの牧草地の干し草の山を一カ所に集めた。さて、干し草の山はいま、いくつあるか？

**Q5** イングランドに暮らすイスラム教徒は、キリスト教に改宗しても、教会の墓地には埋葬してもらえない。なぜか？

**Q6** お腹が空っぽのときに、人はバナナを何本食べられるか？

**Q7** 取り除くほど、大きくなるものは何か？

（答えは254ページ）

# 4 問題を分析する

Analyse problems

ものを考えるときに最もむずかしいのは、解決を可能にするようなしかたで、問題を叙述することだ。
バートランド・ラッセル

わたしたちが直面する問題には、単純ですぐに解決できるものもあれば、複雑で解決のむずかしいものもある。後者の場合は、通常、慌てて行動を起こさないほうがよい。じっくり取り組んだほうが賢明だ。

アインシュタインは、世界を救うために一時間を与えられたら、問題の分析に五十五分を使い、残りの五分で解決を図ると言った。なぜすぐにでも動けるときに、貴重な時間を分析に費やすべきなのか？　問題の分析に時間をかけることの利点をいくつか以下に示そう。

- □ 早合点を避けられる。
- □ 誤った思い込みがないかどうか確かめられる。
- □ いろいろな角度から問題のほんとうの原因を探れる。

□ 問題の背後にある結びつきを見抜ける。
□ 取り組むべき事柄の順番がわかる。問題解決のロードマップが見えてくる。
□ 何に優先的に取り組めばいいかがわかる。

加えて、チームでこれを行なえば、メンバー全員に問題についての共通の理解を浸透させられる。また複数のチームで行なった場合には、各チームがそれぞれに異なったしかたで問題にアプローチし、異なる分析をするので、そこから新しい発見が生まれる。

では、問題の分析に役立つ便利なツールを紹介しよう。

## 理想への道

用意するのは、白紙の紙三枚。一枚めの紙には、現在の弱点や問題や障害などをすべて書き出す。

三枚めの紙には、理想の状態を書く。すべての問題が解決し、あらゆることがうまくいった状態だ。またはあなたが理想と思うものなら、なんでもかまわない。

次に、二枚めの紙の最上段に、「理想への道」と記す。そして現状から理想へ至るためにはどういう段階を経なくてはならないかを考える。「理想への道」には具体的な解決策を書く必要はない。それについてはあとで考える。

ここではまず、大まかに、うまくいきそうな解決策を書き出そう。「理想への道」のそれらの各段階が、アイデア創出術を使って考えるための問いになる。

## なぜ、なぜ?

もしお子さんをお持ちならご存じのはずだが、子どもたちはすぐに「なんで?」と聞いてくる。こちらが答えてやると、ふたたび「それは、なんで?」と聞いてくる。

これは理解を深めるためのとても有効な方法なのだが、おとなになると、みっともないとか、子どもっぽいとか感じて、それをしなくなる。この「なぜ、なぜ?」法では、繰り返し「なぜ?」を考える。大きな一枚の紙に問題を書き出し、なぜそうなるのか(そうなったのか)を考えよう。

主な原因を書き出したら、それらについても、なぜそうなのかを考える。そのようにしてどんどん原因を掘り下げていくと、その問題にはどういう原因があるのか、全体像が見えてくるはずだ。

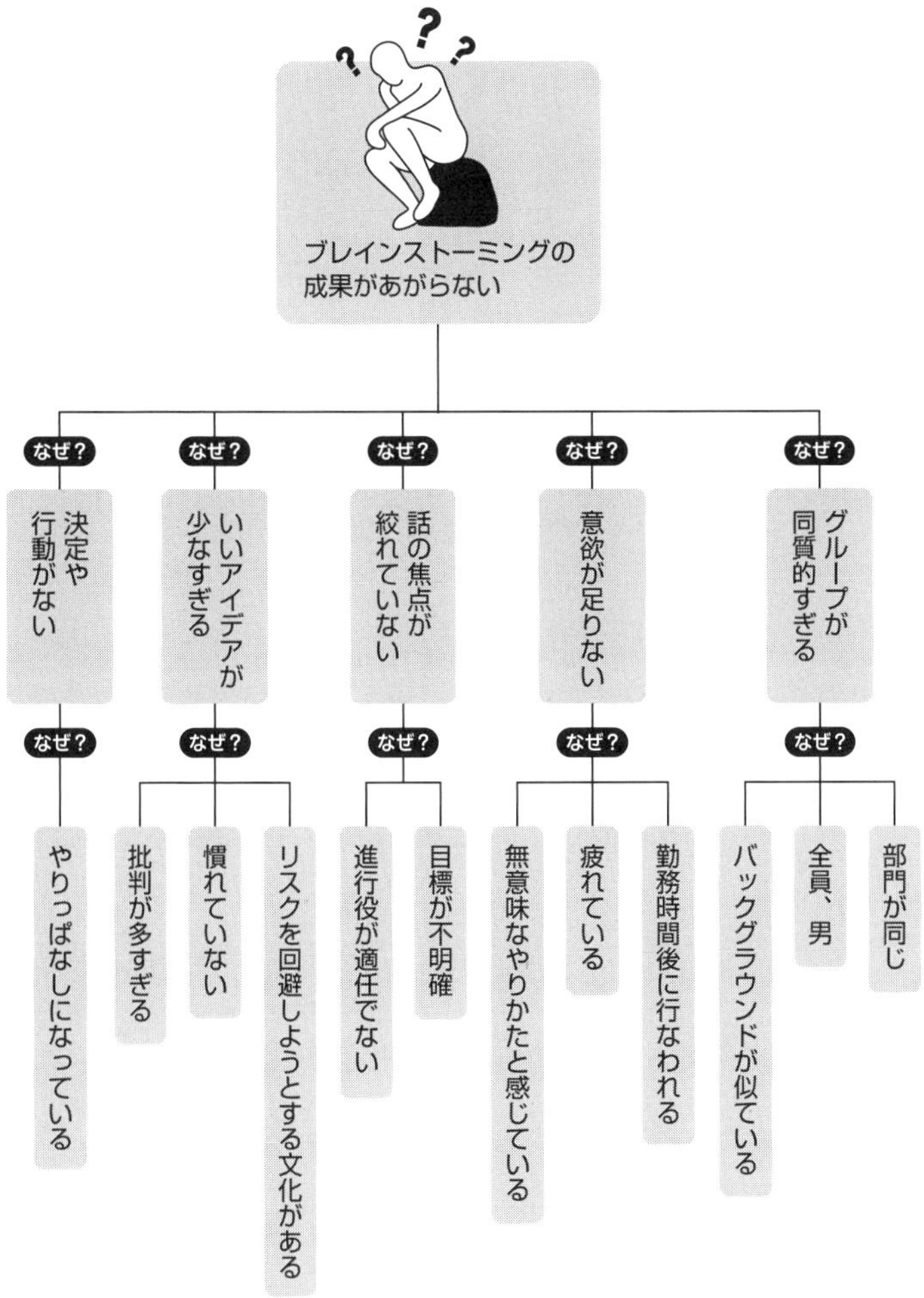
ブレインストーミングの成果があがらない
なぜ？
決定や行動がない
いいアイデアが少なすぎる
話の焦点が絞れていない
意欲が足りない
グループが同質的すぎる
なぜ？
やりっぱなしになっている
批判が多すぎる
慣れていない
リスクを回避しようとする文化がある
進行役が適任でない
目標が不明確
無意味なやりかたと感じている
疲れている
勤務時間後に行なわれる
バックグラウンドが似ている
全員、男
部門が同じ

図 4.1「なぜ、なぜ？」の図

たとえば、「ブレインストーミングの成果があがらない」という問題があったとしよう。その場合、「なぜ、なぜ？」の結果は、図4・1のようになるだろう。

さらに先を続けることも可能だ。たとえば、なぜ「無意味なやりかたと感じている」のか、なぜ「リスクを回避しようとする文化がある」のかを考える。

その先もさらに続けられるだろう。「なぜ、なぜ？」法は単純で、しかも効果がある。複雑な問題の解決にとても役に立つ。

## 六人の従者

これはラドヤード・キプリングの次の詩にちなんで名づけられた問題の分析ツールだ。

**わたしには六人の従者がいる。**
**わたしはすべてを彼らから教わった。**
**彼らの名は、なに、なぜ、いつ、どう、どこ、だれ。**

「なに」「なぜ」「いつ」「どう」「どこ」「だれ」の六語を使うことで、問題を詳しく調べられる。それぞれの語は、肯定と否定の両方の文脈で使えるので、これらの六語から実際には、十二の問いが生まれる。問題を書き出したら、それについて十二の問いを順番に立ててみよう。

ここでは不良グループに加わる少年がいるのはなぜかというむずかしい問題を例に取ろう。十二の問いは以下のようになるだろう。

□ なにが不良グループの魅力なのか（少年たちから見て）？
□ 不良グループのなにがいけないのか？
□ なぜ不良グループは存在するのか？
□ なぜ多くの少年は不良グループに加わらないのか？
□ いつ少年は不良グループに加わるのか？
□ いつ少年は不良グループに加わらないのか？
□ 不良グループはどのように少年を引き入れるのか？
□ 少年はどのように不良グループを拒んだり、避けたりするのか？
□ 不良グループはどこで活動するのか？
□ 不良グループがどこでは活動しないのか？
□ だれが不良グループに加わるのか？

## □ だれが不良グループに加わらないのか?

これらの六語はどの語も、文字どおりの意味で使うこと。だから「どこ」といえば、具体的な場所がどこかを問おう。十二の異なる問いを順番に考えるのは、異なる角度から問題にアプローチできるようにするためだ。

この方法では、当たり前の答えしか出ないこともあるが、思いもよらぬ見かたや発見が得られることも多い。この方法はひとりでもできるし、グループで行なって、問いを分担してもよい。

## 蓮の花

「蓮の花」は日本で生まれた緻密《ちみつ》な問題の分析テクニックだ。蓮の花びらは、その下に別の花びらを隠しているので、一枚めくると、また別の一枚があらわれる。「蓮の花」という名は、その花びらをめくるように問題をひとつひとつ明らかにしていくところから来ているようだ。

まず大きな一枚の紙の中央に円を描き、その円のなかに問題を書く。そして次に、「な

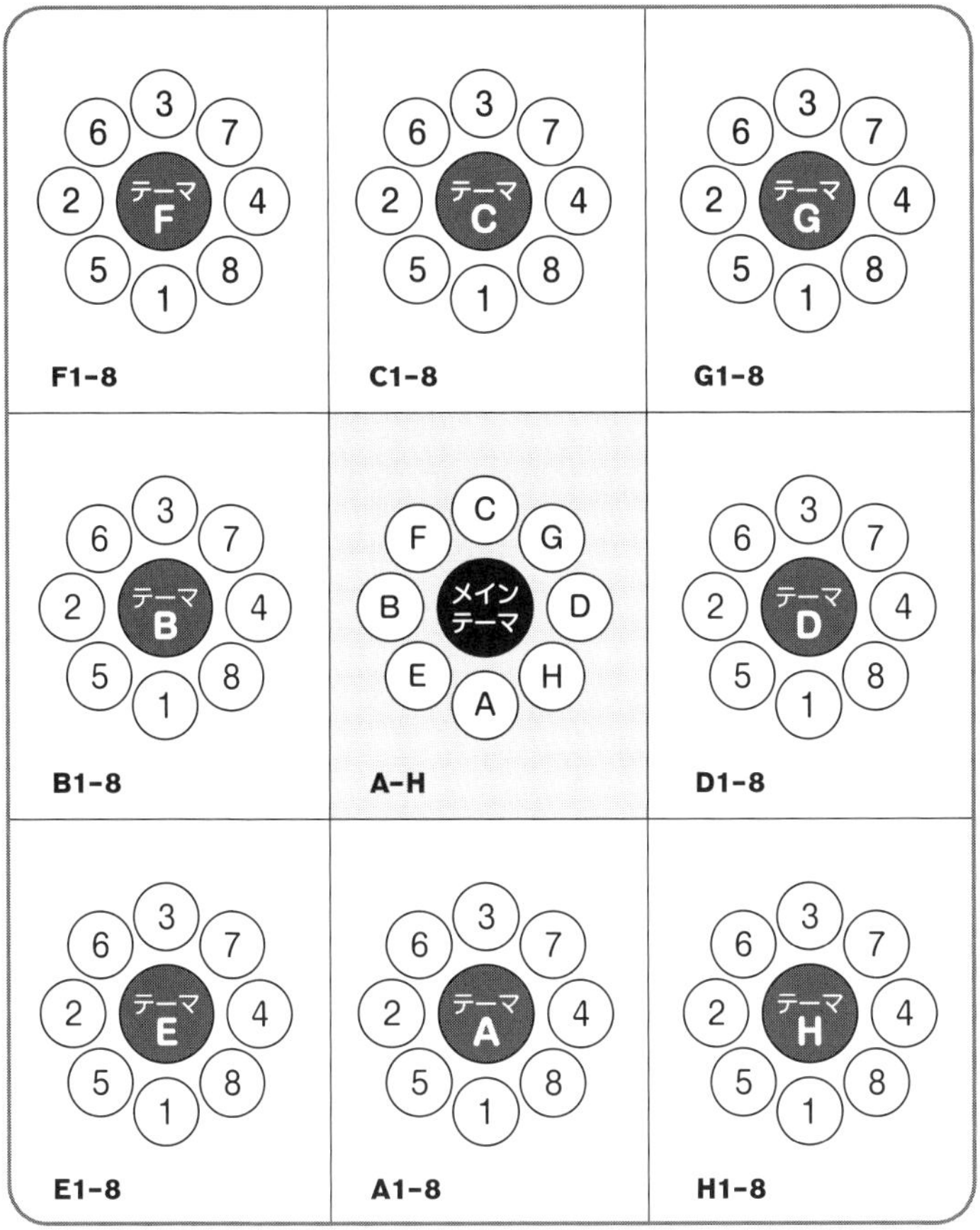
3
6 7
2 テーマ F 4
5 8
1
F1-8
3
6 7
2 テーマ C 4
5 8
1
C1-8
3
6 7
2 テーマ G 4
5 8
1
G1-8
3
6 7
2 テーマ B 4
5 8
1
B1-8
C
F G
B メイン テーマ D
E H
A
A-H
3
6 7
2 テーマ D 4
5 8
1
D1-8
3
6 7
2 テーマ E 4
5 8
1
E1-8
3
6 7
2 テーマ A 4
5 8
1
A1-8
3
6 7
2 テーマ H 4
5 8
1
H1-8

図 4.2 蓮の花

ぜ、なぜ?」と同じ要領で、問題の主な原因をいくつか考えてみる。その原因のなかから最も重要と思われる八つを選んだら、中央の円のまわりに八つの円を描いて、それぞれの円のなかにその八つの原因をひとつずつ書き入れる。

八つの原因はそれぞれがひとつのテーマになるので、次に、その八つのテーマについてそれぞれの問題や原因などの特徴を八つずつ考える。

そうすると、八つのテーマからそれぞれ八つのサブテーマが生まれ、図4・2のように、九枚のシートの組み合わせができるはずだ。これによって互いに関連し合った合計六十四の項目が、一望のもとに見渡せるようになる。この作業は広いテーブルや壁でやらないと、はみだしてしまうだろう。

こんな手順を踏んで、六十四もの詳しい原因を見つけるというのは、不自然で骨の折れる作業のように感じられるかもしれない。しかしこれぐらいまで問題を詳しく調べることで、洞察が得られ、見逃されていた結びつきが見えてくる。

## まとめ

問題の分析テクニックは問題の解決を図るためのものではない。解決に取り組む前に、問題の背後にある原因を突き止めるためのものだ。それが問題の全体像や、原因の結びつきを知る手がかりとなる。

そこから、どの部分に優先的に取り組むべきかがわかってくる。その結果、創造的なアイデアをいくつも出し、比較し、最善のアイデアを選ぶことができるようになる。そして、それによって問題解決のための実行計画が立てられる。まとめるなら、それは次のような流れだ。

1. 問題を定義する。
2. 問題を分析する。
3. 解決するべき重要な部分について、優先順位をつける。
4. それぞれの部分を順番に取り上げる。
5. いろいろなアイデアを出す。
6. アイデアを比較し、そのなかから実行可能な最善のものを選ぶ。
7. 実行計画を立てる。

# 5 問う

Ask questions

子どもは質問することで学ぶ。学生も、質問することで学ぶ。新入社員も、質問することで学ぶ。質問はとても単純で、なおかつとても効果的な学習方法だ。なんでも知っていると思っている人間は、わざわざ問うまでもないと考えて、問おうとしない。思考の達人は、問いつづけることを習慣にしている。理解を深めるためには問うのがいちばんいいと知っているからだ。

グーグルのCEOエリック・シュミットは、「この会社は答えではなく、問いによって運営されている」と述べている。問いつづければ、常によりよい答えが見つかることを知っているからだ。

グレッグ・ダイクは二〇〇〇年、BBCの会長に就任すると、主な部署をすべて回り、部署ごとに職員を全員集合させた。職員たちは長い話を聞かされるのだろうと思ったが、ダイクはいっしょに座って、質問をしただけだった。

「みなさんのためにわたしにできることは、なんでしょうか?」

そしてその答えを聞き終えると、さらに続けて、別の質問をした。

「視聴者のためにわたしにできることは、なんでしょうか?」

はじめのうちは、職員から教わることのほうが、職員に教えることよりも多いと考えたからだ。BBCの職員はすばらしいアイデアをたくさん持ち、それを聞いてほしいと思っていた。就任早々、会長みずから職員の意見を聞いて回ったことで、グレッグの株は大いに上がった。

コロンボは数多くの質問をすることで、難事件を解決する。一流の刑事は現実の世界でも、フィクションの世界でもみんなそうだ。偉大な発明家や科学者も、数々の問いを立てた。アイザック・ニュートンは「なぜ月は地球に落ちないのか?」と問い、チャールズ・ダーウィンは「なぜガラパゴス諸島には、ほかの場所では見られない種がこれほどたくさんあるのか?」という疑問を抱いた。アルベルト・アインシュタインは「もし光線に乗って移動できたら、宇宙はどのように見えるだろうか?」と考えた。画期的な業績につながる研究を始められたのは、こういう根本的な問いを発したからだった。

偉大な哲学者たちは生涯を通じて、人生の意味や、倫理性や、真実などについての深い問いを考えつづけている。わたしたちは哲学的にはならなくてもよいが、自分の置かれた状況について、深く問うことはやはりたいせつだ。賢明な判断に必要な情報を得るためには、そうするのがいちばんいい。

では問うことがそれほど強力な学習術であることは明らかなのに、なぜわたしたちは問うことをやめてしまうのか？

　人によってはそれは面倒だからだ。知っておくべきことはすべて知っていると思い込んでいる人間は、わざわざ問おうとしない。持論に固執し、思い込みを疑おうとしない。そのせいで、最後には愚かさを露呈することが多い。

　また人によっては、うかつに質問をしたら、弱々しいとか、無知だとか、頼りないとか思われるのではないかと、恐れている場合もある。そういう者たちは決断力があって、問題を処理する能力が高いという印象を損ねたくないと思っている。質問をしたら、迷いが生じたり、威厳が失われたりするのではないかと心配している。

　実際には、問うことは強さと賢さのあらわれであり、弱さや迷いのあらわれではない。すぐれたリーダーはたえず質問し、自分ひとりではすべてに答えられないことを自覚している。または、急いで先に進もうとするあまり、立ち止まって問えない者もいる。問うことで遅れるかもしれないからだ。そういう者は軽率な行動を起こしてしまう危険がある。

　学校でも家庭でも職場でも、友人や家族や同僚や顧客や上司と互いに問うことで、誤った思い込みがないかどうかを確かめ、問題の理解を深められる。

　最初は基礎的な、大まかな質問から始めるのがよい。それから具体的な話に移って、不明な部分を明らかにしていこう。ここでは開かれた質問、つまりいろいろな答えかたが可能で、話題を掘り下げられる質問をするのが、効果的だ。以下のような例が、開かれた質問と言える。

□ わたしたちの商売の本質はどこにあるんだろう？　わたしたちの付加価値は何だろう？
□ なぜこうなったんだと思う？
□ 問題の原因と考えられることをすべてあげてみようか？
□ 顧客からの苦情を減らすにはどうしたらいいだろう？
□ なぜあの人はああいうふうに感じるのだろう？
□ ほかにどんな可能性を考えたらいいだろうか？

答えに注意深く耳を傾ければ、さらに別の質問が思い浮かぶだろう。多くの場合、「それは、なぜ？」と問える。わたしたちはつい自分の意見や、感想や、結論や、提案を差し挟みたくなる。

しかしそうするより、問題の理解を深めてから、自分の判断を下せるよう、質問を重ねたほうがよい。

主なポイントが出そろったら、閉じられた質問を使って、特定の情報を引き出そう。閉じられた質問とは、イエスかノーを求めるなど、答えかたを限定した質問だ。たとえば、次のような問いが閉じられた質問となる。

□　**それが起こったのはいつ？**
□　**その人は怒っていた？**
□　**発送された品物はいまどこ？**
□　**土曜日の夜、映画に行きませんか？**

答えかたを限定した質問をすることで、具体的な情報を引き出したり、会話の方向を導いたりできる。

ＩＢＭの販売の研修では、拒絶には質問で応じるよう教えている。ふつうは拒絶されたら、すぐに反論したくなるが、議論をする前に、二、三の質問をするほうがはるかに効果がある。たとえば、顧客から「値段が高すぎますね」と言われたとしよう。

真っ向から相手を説得にかかるのが常套手段だ。「この製品を導入することの利点に着目していただければ、けっして高くないことがおわかりいただけると思います」というように。しかし、次のように質問するほうがそれよりもすぐれている。

「高すぎるというのは、どういう意味でしょうか？」
「何と比較して、高すぎるとお考えでしょうか？」

相手に質問することで、拒絶のほんとうの原因を探れる。またそれによって、もっと計算されたよりよい返答を考えるための時間も稼げる。

質問を重ねることはとても有効な方法だが、尋問官のようだとか、厚かましい人間だとか思われる可能性もある。質問をするときは、相手を威圧しない、友好的な口調を心がけることがたいせつだ。問い詰めるような質問をしてはならない。

「この大損害の責任をどう取るつもり?」と尋ねるより、「何があったんだと思う?」と尋ねるほうが、建設的な答えが返ってくるだろう。

どんな質問も、できるだけ何気ない感じで、口にしたほうがよい。態度も堅苦しくならず、なるべくもの柔らかに。指で相手をさしたり、押しつけがましくなったりするのは禁物だ。

毎日の会話のなかで、もっと質問がうまくなれるよう、練習してみよう。

質問に質問で応じてみよう。話し合いでも、会議でも、議論でも、主導権を握るのは、質問する人間だ。尋ねることで主導権を握ろう。意見を言うより、質問をしよう。的確な質問は相手を刺激したり、挑発したり、啓発したり、鼓舞《こぶ》したりできる。

思考の達人は倦《う》むことなく、好奇心のかたまりである子どものように、いくらでも質問する。質問を使って、言葉を交わし、反応を引き出し、理解を深めようとする。質問は学ぶためだけでなく、教えるためにも役立つことを思考の達人は知っている。

# 6

# 組み合わせる
Think in combinations

すぐれたアイデアの多くは、すでにあるものをそれまでとはちがう新しいやりかたで組み合わせることで生まれている。

歴史的な大発明のひとつに、ストラスブールのヨハネス・グーテンベルクが一四四〇年に考案した活版印刷がある。グーテンベルクは交換可能な活字を用いた印刷機を作るため、既存のふたつの技術を組み合わせた。

そのふたつとは、融通性に富む硬貨用パンチ機と、パワーに富むワイン用ぶどう圧搾機の技術だった。

西洋ではグーテンベルクのこの発明で、情報の伝わりかたが一変した。宗教や政治や科学に関する書物や文書がそれまでとは比べものにならないほどの速さで広まるようになった。活版印刷は宗教改革やルネサンスを可能にしたテクノロジーだった。ちょうど知識経済を可能にした現代のインターネットと同じだ。

硬貨用パンチ機とワイン用ぶどう圧搾機というふたつのありきたりのアイデアから、活版印刷機という画期的なアイデアが生まれる。人類がはじめて銅と錫《すず》というふたつの柔らかい金属を組み合わせて、青銅という強い合金を作ったときに匹敵する、奇跡のような発明だった。

アイデアマンは常に新しい組み合わせを探している。このアイデアに何を足したら、新しいものができるだろうか、というように。昔は、スーツケースは単なるスーツケースだった。運ぶときには、手に持つか、カートに載せられた。

あるとき誰かが、スーツケースにカートのキャスターを付けたらどうかと考え、キャスター付きのスーツケースが生まれた。いまでは、スーツケースには必ずキャスターが付いている。

あなたの「スーツケース」には、どんな「キャスター」が付けられるだろうか？　ユーザーに喜んでもらうために、商品やサービスに何を付け加えられるだろうか？

この考えを推し進めたのが、ロブ・ローだ。ローはキャスター付きのスーツケースと、子ども用のおもちゃの乗り物とを組み合わせて、「トランキ」という商品を開発した。トランキは新規事業への出資を募るイギリスの人気テレビ番組で紹介されたときには、専門家から、くだらないアイデアとして酷評されたが、いまや、二十二カ国で売られる大ヒット商品となった。

トレヴァー・ベイリスはぜんまい式ラジオを発明した思考の達人だ。一見、ぜんまいとラジオとはミスマッチに思える。ラジオは電気を必要とし、ぜんまいは機械式の仕掛けなのだから。

ラジオ番組を聞いている最中に、わざわざラジオのそばまで歩いて行って、ぜんまいを回すなんて、誰がそんな面倒なことをしたがるのか？　電池や電源コンセントを使うほうが、よっぽど便利だ。

しかし世界には、電池がまだ高価で、電源コンセントが普及していない貧しい国々が、数多くある。ベイリスは懐疑的な声に屈さず、手動で発電できるラジオを開発した。途上国の多くの地域で、ぜんまい式ラジオは貴重な情報源となった。

ものを組み合わせるという発想は、商品やサービスの開発だけでなく、提携などにも使える。自社にはない技術を手に入れたり、自社では開拓できない地域や市場に進出したりしようとするとき、誰と組んだらいいか？

テノール歌手パヴァロッティはアイルランドのロックバンドU2と共演したことがあった。両者の音楽ジャンルはまったく異なったので、互いに新しい聴衆をもたらし合えた。

メルセデス・ベンツは市街地向けの斬新な車を開発するにあたって、自動車メーカーとではなく、ファッション腕時計メーカーであるスウォッチと組んだ。自社の持つ自動車作りの技術に、スウォッチの持つデザインセンスや水平思考を加えたかったからだ。両社の協力からは、コンパクトカー「スマート」が生まれた。

既存のものを組み合わせることが、新しいものを生み出すための効果的な方法であることは、数々の事例によって証明されている。

すぐれたアイデアには、スーツケースとキャスターの例のように、誰もが知るアイデアの組み合わせからなるものが多い。思いきり突飛な組み合わせを考えてみよう。

たとえば、学校と動物園とを組み合わせたら、どうなるか？　どんな可能性があるか？　ちょっと考えてみよう。以下の例のほかにも、きっとおもしろいアイデアがいろいろと思い浮かぶはずだ。

- □ 飼育係を学校に招いて、講義をしてもらう。動物も何種類か、連れてきてもらう。
- □ 出席や宿題のご褒美として、子どもたちに動物園に遊びに行かせる。
- □ いっそのこと、動物園のなかに学校を建ててしまう。できないことじゃない。
- □ 絶滅危惧種のそばに学校を建てて、子どもたちにそれらの種について学ばせる。
- □ 動物園と協力して、その保護にも取り組む。
- □ 学校と動物園のコラボレーションもできる。たとえば、放課後、動物園で奉仕活動をした生徒には、家族や友だちといっしょに動物園に遊びに行けるよう、無料入園券を与える。

一九九九年、『アバ・パーテル』というタイトルのＣＤが、バチカンで制作された。教皇ヨハネ・パウロ二世がラップにとてもよく似たリズムに乗せて、メッセージや祈りの言葉を伝えようとしたCDだ。ローマカトリック教会のような伝統のある保守的な組織でも、こんな突飛な組み合わせが思いつける。

組み合わせを考える習慣をつけよう。ふたつの商品を見たときに、それらを頭のなかで組み合わせてみるという習慣だ。

誰かが時計とベルを見てひらめいたのが、アラーム付き時計だったのかもしれない。誰かが消しゴムと鉛筆を使っていて、「鉛筆の端に小さな消しゴムがついていたら便利だな」と思いついたのが、消しゴム付きの鉛筆だったのかもしれない。

同じことは誰にでもできる。いっしょに使われているものでも、そうでないものでもかまわない。

「組み合わせたら、どうなるだろう?」と胸のなかでつぶやく習慣をつけよう。人と会って、商売の話になったら、互いの商売をどう組み合わせられるかを考えてみる。趣味の話になったら、互いの興味をどう組み合わせられるかを考えてみる。

商品でも、サービスでも、マーケティングでも、どんなことでもかまわないので、次に創造的なアイデアが必要になったときには、まったく異なるものを組み合わせて、何が生まれるかを試してみよう。これは定評のある発想法だ。

# 7 平行思考
Parallel Thinking

西洋の人間は対立的にものごとを考えがちだ。対立的な思考法は、もともと古代ギリシアで発展し、それが現代まで受け継がれてきた。ある者がなんらかの主張をすると、ほかの者はそれに批判的な目を向け、あれこれとあら探しをしようとする。だからたとえば、誰かからなんらかの提案をされると、わたしは条件反射的に、あら探しをして、その提案を退けようとしてしまう。

この対立的な思考の典型例は、法廷における検察側と弁護側のやりとりだ。検察はあらゆる証拠や論拠を持ち出して、被告が有罪であり、刑務所送りにすべきであることを示そうとする。被告の弁護人はそれらにことごとく反論して、無罪を勝ち取ろうとする。議会での政府と野党のやりとりも、やはり対立的思考のいい例だ。野党はまるで義務であるかのように、政府の政策や考えに反対する。

こういう思考法が問題なのは、それがふだんの生活に持ち込まれると、わたしたちを偏狭で、過剰に防御的で、政治的な人間にするということだ。会議では、自分の立場しか考えず、相手の意見のいい面に目が向かなくなる。

たとえば、マーケティング部長からの提案という理由だけで、提案に反対しようとする営業部長がいる。そうなると、両者は自分の立場を守ろうとするばかりで、もはや相手の視点ではものを見られない。

さらにその部下は、自分の上司の意見には異を唱えられなくなる。そんなことをしたら「敵側についた」と上司から思われるからだ。

対立的な思考に陥らないためには、どうしたらいいのか？

ひとつには平行思考を使うという方法がある。そのツールとして有名なのは、エドワード・デ・ボーノ博士が開発した「六つの帽子」だ。「六つの帽子」は地方議会から陪審員室まで、いろいろな場面で使える。とくに、物議をかもしそうな革新的なアイデアを検討するときに役立つ。

「六つの帽子」は全員に平行思考を強いることで、対立的な思考の弊害を取り除こうとする手法だ。参加者は特定の色の帽子をかぶり、それに応じたアプローチのしかたをさせられる。では、提案について協議するという場面を例に、具体的に「六つの帽子」の進めかたを見てみよう。

提案が読み上げられると、会議の参加者は全員以下の帽子を順番にかぶる。

## 白の帽子

これは情報の帽子だ。これをかぶっているときは、事実を確認したり、検討に必要な情報やデータを求めたりする。長所や短所に関しては、いっさい云々しない。ここでは客観的に事実やデータを確認するだけ。

## 赤の帽子

これは感情や気分の帽子だ。これをかぶったら、提案に対して感情的にどういう印象を持ったかを述べる。たとえば、恐ろしいとか、びっくりしたとかいう感想を述べる者もいれば、わくわくさせられたとか、やってみようという気にさせられたとかいう感想を述べる者もいるだろう。重要なのは、気持ちを口に出して言わせること。提案に賛成したり、反対したりするときに、その気持ちが隠れた理由になっていることがあるからだ。「投資に対するリターンが少なすぎると思う」などは、気持ちではない。それは合理的な思考なので、この段階にはふさわしくない。「いやだ」や「うれしい」が、この段階で引き出し、あとのために記録しておきたい反応だ。気持ちを言葉にすることにはカタルシスの効果もある。気持ちを口に出して言うと、心を落ち着かせられる。

## 黄の帽子

これは太陽を表わす色で、楽観の帽子だ。この帽子をかぶったときには、全員が順番に、提案の長所を述べる。ひどい提案だと思っても、なんらかのいい面を見つけなくてはならない。そしてその案がうまくいった場合に得られる利益や恩恵を書き出して、リストにする。さらにそれらの利益や恩恵に優先順位もつける。

## 黒の帽子

これは悲観の帽子だ。この帽子をかぶったときには、全員で提案の欠点を見つける。提案したのが自分で、その案に絶対の自信を持っていても、なんらかの欠点を指摘しなくてはならない。あらゆる失敗のシナリオを描き出し、あらゆるリスクや危険を予想しよう。なかには常にこの帽子をかぶっているような者もいる。ここでたいせつなのは、思いつかなくなるまでありとあらゆる欠点を列挙することだ。欠点がすべて出そろえば、それらを比較して、何がいちばん大きなリスクやデメリットであるかを考えられる。

次の帽子をかぶる前に、ここまでにしたことを振り返ろう。

わたしたちはまず重要な事実とデータを確認した。そしてみんなの最初の気持ちを書き留めた。さらに提案のメリットを書き出して、優先順位をつけた。

デメリットについても、思いつくかぎりすべて書き出して、重要な順に並べた。すでにかなりのことをしたが、議論や言い合いはまだひと言もしていない。ここまでの段階では許されていないからだ。

もちろん意見を述べ合うという作業を避けるわけにはいかない。しかし、それは緑の帽子をかぶってからとなる。ではいよいよ賛成か反対かをはっきり述べ合う建設的な議論の段階に進もう。

## 緑の帽子

これは発展と創造と可能性の帽子だ。この帽子をかぶったら、案をどのように実行したり、修正したりすれば、よりよい結果を得られるかについて、みんなで意見を述べ合う。案のいい面を生かすためにはどうしたらいいか？　欠点を補うためにはどうしたらいいか？　前の段階で指摘されたリスクにはどう備えるべきか？　緑の帽子は、ブレインストーミングや、アイデアや、評価や、交渉の帽子だ。この段階では、ありとあらゆる可能性が存在する。提案に賛成してもいいし、反対してもいい。案に修正を施したうえで、賛成するというのでもいい。根本的に異なる案が出されて、白の帽子からやり直すということもありうる。全員のかぶっている帽子の色が同じであるかぎり、いつでもほかの色の帽子に戻ってかまわない。

## 青の帽子

これはプロセスの帽子だ。会議のプロセスがうまくいっているかどうかを確かめるために使われる。この帽子をかぶったときには、話し合いの方法について話し合う。会議の前にこの帽子をかぶって、話し合いの段取りを決めてもいいし、会議のあとにかぶって、反省をしてもいい。もし会議の途中で、話し合いがうまくいっていないと感じたら、みんなで青の帽子をかぶって、何がいけないのかを話し合ってもいい。

一般に、青の帽子をかぶる時間は短い。白と赤の帽子にはある程度の時間が費やされるが、最もかぶる時間が長くなるのは、黄、黒、緑の帽子だ。いつでも帽子の色は変えてかまわない。ただし、全員が同じ色の帽子をかぶることが鉄則。

わざわざメンバー全員に六色の帽子を持たせるのは、帽子をかぶり直すという身体的な動作をすることで、思考の切り替えがしやすくなるからだ。できれば、会議の進行役がメンバーに帽子を変えるよう口で言うか、色のついたカードを掲げるか、六色のキューブを回転させるかなどして、使用する帽子の色を示し、みんなの統一をとれるとよい。

たとえば、黄の帽子のときに黒の思考をしている者がいたら、黄の思考に戻さなくてはいけない。

この手法はシンプルで実践しやすく、どんな種類の会議で使っても、驚くほどの効果をあげられる。もしこの手法を試してみたくなったら、それについて書かれたデ・ボーノの本をぜひ読んでみてほしい（『会議が変わる6つの帽子』エドワード・デ・ボーノ、川本英明訳、翔泳社、二〇〇三年）。平行思考はふつうは集団で行なわれるが、ふたりでも行なえるし、ひとりでも行なえる。各色の帽子を順番にかぶったつもりになって、色に応じた思考に徹しよう。問題について総合的な見かたができるようになるはずだ。

# 8 創造的に考える

Think creatively

思考の達人は創造的だ。どんな困難に直面しても、いくつもの解決策を見つけられる。しかしふつうの人間は、そうはいかない。ときに行きづまる。

たとえば、むずかしい課題と格闘しているとしよう。それは仕事のことかもしれないし、家庭や、子どもや、学校のことかもしれない。もう長いあいだその問題に取り組んでいるのに、いっこうに打開策が見つからない。創造的なアイデアがなかなか思い浮かばない。そんなとき、あなたならどうするか？

以下に、発想力を高めて、問題を解決するための実際的な方法をいくつか紹介しよう。

## 1 思いつくアイデアをできるだけ多く書き出してみる

ありきたりのアイデアでも、創造的なアイデアでも、ばかげたアイデアでもいい。とにかく書き出そう。はじめは量を増やすことが目的だ。まずはアイデアを四十個、書いてみる。それができたら六十個、八十個と増やしていこう。この段階では、いっさいアイデアをふるいにかけたり、退《しりぞ》けたりはしない。思いつくままに、ひたすら書き出そう。もし手伝ってくれる人がいたら、なおよい。いっしょにどんどん書き出そう。アイデアが出尽くしたら、だいたいでいいので、実行可能かとか、効果的かとか、一定の基準にしたがって、アイデアの評価をする。役に立たないアイデアは傍線で消し、よさそうに思えるアイデアにはチェックマークをつける。とくに期待の持てるアイデアには、チェックマークをふたつつけよう。その作業が終わったら、アイデアのリストをあらためて眺めて、どのように行動するのがいちばんいいかを決める。

## 2 「なぜ、なぜ?」の表を作る

なぜ問題が生じたのかを考えよう。そして紙にその答えをいくつか書いたら、それぞれの答えについて、ふたたび「それはなぜか?」を考えよう。答えのひとつひとつが問いになるということだ。ここでは問題の解決は図らない。問題の原因を探るのが目的だ。「なぜ、なぜ?」の表は、問題の原因についての大きなマインドマップになる。この表から新しい発見や、解決の糸口がもたらされる。

## 3 第三者に話してみる

そうするとたいがい、基礎的なことを尋ねられたり、的はずれに思えるアドバイスをされたりする。いいアイデアは、そういうところから生まれる。三人寄れば文《もん》殊《じゅ》の知恵と言うが、関係者どうしでは、がいして同じような考えしか思いつかない。そういうときは部外者の意見を聞こう。たとえば、ビジネスの問題であれば、隣人や、子どもや、スポーツジムのコーチや、作家や、音楽家や、祖母や、教師や、警官などと、日常の言葉で話してみるといい。あなたとはちがった視点からの考えを聞かせてくれるはずだ。

## 4 著名人ならどう対処するかを考えてみる

バラク・オバマだったら、どうするだろう？　スティーヴ・ジョブズだったら？　ナポレオンだったら？　リチャード・ブランソンだったら？　サルバドール・ダリだったら？　マドンナだったら？　シャーロック・ホームズだったら？　フィクションや、歴史や、その日のテレビニュースなどから、頼もしい人物を選ぼう。そしてその人物が取ると思われる行動を誇張して考えてみる。極端な想像でかまわない。そうすることで大胆な解決策が見つかるだろう。

## 5 身の回りにあるものを手にとって、次のように胸の内でつぶやく。「このなかに問題解決の鍵が隠されている」

そして、強引にでもなんらかのアイデアをそこから引き出してみる。それをいくつかのちがうもので繰り返せば、斬新なおもしろいアイデアがひとそろいできるはずだ。たとえば、本の執筆が進まないという問題を抱えていて、ビールの瓶を手に取ったとしよう。そこからは次のようなアイデアが思いつくだろう。

◇ひとつのセクションを書き終えるごとにご褒美として、ビールを一杯飲む。もしくは一ページ書くごとに紅茶一杯、一章書くごとにビール一杯、最初の草稿を書き上げたらシャンパンをご褒美にする。
◇作家仲間でパーティーを開き、ビールを飲みながら、アイデアを交換する。
◇草稿のコピーを冷蔵庫に入れておく。そうすれば冷蔵庫を開けるたび、書き上げなくてはならない原稿があることを思い出せる。
◇どこへ行くときも、ビール用の紙コースターを持ち歩き、思いついたことをそこへ記すようにする。ビール用の紙コースターがかさばるようなら、ポストイットやノートなどを試してみる。
◇ビールは瓶に詰められているうちは、人間をいい心地にはできない。グラスに注がれてはじめて、人間をいい心地にできる。同じことはアイデアにも当てはまる。頭のなかにあるうちは意味がない。外に出してやってはじめて、人の役に立てる。

## 6 直喩を使う

自分の抱えている問題と似たような問題が、生活のほかの場面にないかどうか、考えてみよう。たとえば、職場で、部下の働きかたを変えたいとする。「これは自分の子どもに野菜を食べさせることに似ているな」と思えたら、子どもに野菜を食べさせるためには、どのようにそそのかしたり、説き伏せたりしているかを振り返ってみよう。そして、その方法をできるだけ多く紙に書き出してみる。そのなかから、職場で使える方法が見つかるかもしれない。

## 7 まったく制約がないと仮定して、理想的な解決策を思い描いてみる

制約がないとは、たとえば、使いたい手段がなんでも使える、などだ。そのうえで、解決を阻んでいる制約のひとつひとつについて、その克服のしかたを考える。そうすれば壁の多くは乗り越えられるはずだ。

## 8 辞書を開いて、無作為に名詞を選ぶ

そしてその名詞の属性を六つ書き出す。「木」なら、「根」「枝」「科」「リンゴ」

「幹」「高い」というように。次にその名詞ないしは属性と、問題とのあいだに、強引になんらかの関連を見つけ出して、新しい解決策を考える。これは実際にやってみると、思いのほかうまくいくので、きっと驚くはずだ。ひとりでも、グループでも効果がある。

## 9 ほかのことをする

休憩を取る。散歩に出る。運動をする。体を動かすと、脳の血の巡りがよくなって、創造的な思考が刺激される。寝る。しばらく問題を放っておくと、無意識の働きで、考えがうまく整理されることがある。目が覚めてから、ふたたび問題に取り組んだほうが、いいアイデアが思い浮かびやすい。美術館や博物館に足を運ぶのもよい。さまざまな外的な刺激を受けることで、たくさんの新しいアイデアが湧き出てくる。展示物をヒントに、新しい組み合わせや取り組みかたを考えてみよう。それらの芸術作品には、メッセージを伝えるためのあらゆる手法が駆使されている。そのなかから借用できるものはないだろうか？

## 10 漫画のような簡単な絵で、自分の置かれた状況を描く

そしてその絵を壁に掛け、そこからのストーリー展開を想像してみる。漫画を創

作するつもりで、考えてみよう。ポストイットを貼れば、いろいろな異なる場面や、起こりうる結果を描き込める。多くの人の場合、言葉や数字より絵で考えるほうが、脳が活性化されるので、この方法から、すばらしいひらめきが生まれることも少なくない。テレビの刑事ドラマで、捜査チームが壁に写真や遺留品を貼り付けて、作戦を練るという場面を見たことがあるだろう。あれもこの例だ。

## 11 インターネットのブログや掲示板などに書き込みをして、答えを待つ

あなたの状況をありのままに明かす必要はない。架空の設定を用いて、どういう問題に直面しているかを説明すればよい。「どなたか同じ問題にぶつかったかたはいませんか？　そのときにどう対処されましたか？」などのように尋ねてみよう。参考になる答えだけでなく、なかにはつまらない答えや、侮蔑的な答えもあるだろう。どんな答えが返ってきても、冷静に受けとめて、さまざまなものの見かたをそれらの答えから学ぼう。

これらの手法はひとりでも、グループでも使える。いろいろと試してみて、いちばん自分に合ったやりかたを見つけよう。たいせつなのは、次のように常に自分に言い聞かせることだ。「いい解決策は必ずある。まだ見つかっていないだけだ。見つかるまで探せ！」

# 9 水平的に考える

Think laterally

創造的思考とは、大きく捉えるなら、新しいことを生み出す思考だと言える。その意味では、創造的思考と呼べる範囲はとても広い。そこにはまったく新しいアイデアの創出だけでなく、既存の考えかたの拡大も含まれる。

水平思考では、意図的に従来のアプローチを避け、まったく新しい角度から問題に取り組むことに重点が置かれる。名画を残した画家はみんな創造的だったが、ピカソは水平的だった。

「水平思考」という言葉は、一般的な思考である垂直思考と対置されるものとして、エドワード・デ・ボーノによって考案された。

一般的な思考では、わたしたちは一定の枠内で、直接的にものを考える。水平思考では、新しい視点から――つまり側面から――問題を眺める。デ・ボーノは水平思考の四つの特徴を次のように説明している。

## 1 思考を歪ませる支配的な考えかたに気づく。

**2** 別の見かたができないかどうかを探る。
**3** 垂直思考で固まってしまった頭脳を柔らかくする。
**4** 偶然を利用する。

どんな生活の場面にも、支配的な考えかたは存在する。思い込みや、決まりごとや、慣習などがそうだ。それらがシステムを支えるとともに、わたしたちの考えかたや行動に影響を及ぼしている。

たとえば、わたしたちの思考はかつて、地球は平らであるとか、地球は宇宙の中心にあるとかいう支配的な考えかたによって、歪められていた。ある考えかたがいったん定着すると、あらゆることがそれに都合のいいように解釈される。被害妄想にとらわれた人間は、どんなに親切にされても、悪意や策略を読み取ろうとする。陰謀説を信じる人間は、その説に合わない事実を突きつけられても、権力者によるでっちあげだとして、それを受け入れようとしない。

たいていの組織はなんらかの先入観によって思考を歪められている。自動車なんて子どもだましの発明であり、普及するはずがないと考えた馬車メーカーのことを、現代のわたしたちは簡単に批判できる。しかし既存の考えかたに縛られているのは、わたしたちも同じだ。

水平思考を働かせるには、支配的な考えをすべて書き出して、あえてそれらの正しさを疑ってみるという方法がある。たとえば、大手の航空会社はこれまで次のような考えかたをしてきた。

- □ **乗客は高水準のサービスを求めている。**
- □ **全便のチケットを発行する。**
- □ **座席は指定にする。**
- □ **航空券の販売は旅行代理店に任せる。**
- □ **ビジネス客の多い主要空港間を路線にする。**

言うまでもなく、格安航空会社はこれらの決まりごとをすべて破って、新しい巨大な市場を開拓した。水平思考のためにはまず、思い込みや支配的な考えかたを、いったんすべてひっくり返し、そこから何が生まれるかを見てみるのがよい。

「もし〜だったら、どうなるか？」と問うことは、水平思考のテクニックのひとつだ。それによっていろいろな可能性を探ると同時に、思い込みに誤りがないかどうかを確かめられる。ものごとのどんな側面からも、この問いは問える。どの問いも、ばかげていると思えるぐらい、極端なものにすることがポイントだ。

たとえば、捨て犬の保護活動をしているとしよう。目下の課題は「いかにして募金を倍に増やすか?」だとする。その場合、次のような「もし〜だったら、どうなるか?」を問える。

- □ **もし寄付してくれる人がひとりしかいなかったら、どうなるか?**
- □ **もし寄付してくれる人が一千万人いたら、どうなるか?**
- □ **もし宣伝にいくらでもお金をかけられるとしたら、どうなるか?**
- □ **もし宣伝にいっさいお金をかけられないとしたら、どうなるか?**
- □ **もし市民全員に、捨て犬を一日預かることが義務づけられたら、どうなるか?**
- □ **もし犬が言葉をしゃべれたら、どうなるか?**

「もし寄付してくれる人がひとりしかいなかったら、どうなるか?」という問いからは、犬好きの大金持ちをターゲットにすれば、より少ない寄付者からより多い寄付を集められるのではないか、という発想が生まれるかもしれない。

同じようにほかの問いからも、さまざまなアイデアが生まれるはずだ。

「もし犬が言葉をしゃべれたら、どうなるか?」からは、〝しゃべれる犬〟とか〝犬との会話〟とかを取り入れた宣伝活動の方法が思いつくかもしれない。

決まりごとや支配的な考えかたに異議を唱えるこれらの質問には、思考を刺激する力がある。まずは常識を疑うことから始め、ひとりまたはグループで、思いきり大胆な「もし～だったら、どうなるか？」のリストを作ろう。

そして問いをひとつずつ取り上げて、そこからどういう道が開かれるか、見てみよう。自由奔放に考えをふくらませて、そこから何が出てくるか、試してみよう。最初のアイデアはばかげていても、それが思いもよらぬ洞察や発見や創造につながることが多い。

歴史的な大発明や科学上の大発見では、偶然が重要な役割を果たしてきたことは、数々の記録に示されているとおりだ。

ヘルツが電磁波の空間伝播を発見したのは、たまたま、部屋にあったある装置が、部屋の別の場所に火花を引き起こしたからだった。

アレクサンダー・フレミングがペニシリンを発見したのは、古いシャーレのひとつに、細菌に負けない黴《かび》が生えていることに気づいたからだった。

X線はブラウン管をいじっていたレントゲンによって、偶然、発見されたものだ。

クリストファー・コロンブスがアメリカ大陸を発見したのは、インドを探している最中だった。

これらすべてに共通するのは、好奇心の旺盛な人物が何かを探究していたということだ。

想定外のことが起こったとき、これらの人物たちはそれらをあらためて調べ直し、その使い途を考え出した。これはわたしたちにも参考になる手法だ。

新しいアイデアや、新しいやりかたを見つけたいときは、「ランダムな入力」を試してみるといい。そのためには、先ほども紹介したが、辞書からランダムに名詞を選び出すという方法がとても有効だ。辞書から無作為に単語を選んだら、その特徴やそれに関連する事柄をいくつか書き出す。そしてその単語や特徴などと、目下の課題とのあいだに、強引に結びつきを見つける。

これはやってみるまでは効果が信じられないかもしれないが、だまされたと思って、ぜひ試してみてほしい。

まったくの不発に終わる場合もあるが、かなりの割合で、画期的なアイデアが思い浮かぶはずだ。

これは単語だけではなく、物や絵や歌などでもできる。だからむずかしい課題にぶつかったときは、博物館や美術館のなかをぶらぶらと歩いてみるのもいい。あなたの脳が館内で目にしたさまざまな展示物と、自分の問題とのあいだに、さまざまな水平的な結びつきを見つけてくれるだろう。

水平思考パズルは、ちょっと変わった形式のクイズだ。回答者はわずかな情報を手がかりに、出題者に質問をして、答えを出そうとする。

このクイズは何人かのグループで行なうのがいちばんいい。ひとりがクイズの出題者となり、ほかは出題者に次々と質問を浴びせる。出題者はそれらの質問に対して、「はい」か「いいえ」か「無関係」の三通りでしか答えられない。

これはゲームとして楽しいのはもちろんだが、質問をしたり、思い込みを疑ったり、想像をふくらませたり、推測をしたりする能力を磨くうえでも、とても役に立つ。行きづまったら、新しい角度から問題と向き合うことが求められる。そこで頼りになるのが、水平思考だ。

おそらく最も有名な水平思考パズルは、「エレベーターに乗った男」だろう。マンションの十階に住む男がいる。男は毎日、仕事へ行くにも、買い物に出かけるにも、エレベーターを使って、一階へ降りる。しかし帰りは、七階までエレベーターで上がって、そこから十階まで階段を使う。男は階段が嫌いなのに、なぜ七階から歩くのか？

もし答えを知らないかたがいたら、巻末に書いておいたので、そちらをご覧あれ。

（答えは254ページ）

笑いの多くも水平思考にもとづいている。コメディアンは常識的な考えかたを茶化したり、ふつうとはちがった角度から問題を眺めたりする。そして意外な結びつきを示して、観客を驚かせ、笑わせる。

日常生活で水平思考を使うべき理由はふたつある。斬新なよりよいアイデアがひらめくというのがひとつ。生活が楽しくなるというのがもうひとつだ。

# 10 ほかの人が考えないことを考える

Think what no one else thinks

ほかの人が考えないことを考えられるようになりたかったら、意図的に、ほかの人とはちがう角度からものごとを眺めればよい。9章で指摘したとおり、どんな分野にも支配的な考えかたがある。思考の達人は支配的な考えかたにあえて逆らうことで、クリエイティブにものを考えようとする。

ビタミンCを発見したセント＝ジェルジ・アルベルトは、次のように言っている。

「天才はほかの人間が見ないことを見る。ほかの人間が考えなかったことを考える」

一般的な考えかたを知って、それとはちがった角度から状況を眺められれば、ほかの人には思いつけないことが思いつくようになる。

ジョナス・ソークはどのようにポリオのワクチンを開発したかを問われて、次のように答えた。

「自分がウイルスやがん細胞になったつもりで、それがどのようなものであるかを感じ取ろうとした」

フォード・モーター社が水平思考の生みの親エドワード・デ・ボーノに、競合企業の多い自動車業界で自社を際立たせるためにはどうしたらいいかと、アドバイスを求めたことがあった。

デ・ボーノのアドバイスはきわめて斬新だった。

フォードはそれまでもっぱら「もっと魅力的な車を作るにはどうしたらいいか?」という自動車メーカーの発想で、他社との競争に取り組んでいた。

デ・ボーノは別の角度から問題を眺め、「どうしたらフォード車に乗ることがもっと総合的に快適なものになるか?」という発想をするよう説いた。そして、全国の主要都市の中心街にある駐車場を買い上げ、フォード車専用の駐車場にしてはどうかと提案した。

しかし、自社を駐車場経営に関心のない自動車メーカーと見なすフォードには、デ・ボーノのアイデアはあまりに革新的すぎた。

一九五四年、イギリス政府が各地区のテレビ放送ライセンスを競売にかけた。入札しようとする会社は多く、各社ともこぞって、全国の人口統計を分析するなどして、最も裕福で、最も高額の広告料収入を見込める地区を見つけようとした。

その結果、人気はロンドンとイングランド南東部に集まった。小さな映画館チェーン、グラナダ・シネマズを経営するシドニー・バーンスタインも、放送ライセンスを得たいと考えたひとりだった。バーンスタインは部下に次のように指示した。

「金持ちの多い地区ではなく、雨の多い地区を探そう。イギリスでいちばん雨の降る場所を見つけよう」

調べたところ、それはイングランドの北西部だった。グラナダはイングランド北西部のライセンスに入札し、みごと、その獲得に成功した。

バーンスタインの考えは、雨の多い地域ほど、人々は外出せず、テレビを見るだろうというものだった。まさに別の角度から問題にアプローチすることで成功をつかんだ例だ。

バーンスタインはほかの人間が考えないことを考えた。

グラナダはその後、連続ドラマ『コロネーション通り』やニュース番組『世界のいま』など、数々のヒット番組を制作した。

一九六八年、メキシコオリンピックで観客たちは、ある若い走り高跳びの選手に目を丸くした。背を下にして跳んでいたからだ。それまでは、腹を下にして跳ぶ「ベリーロール」がふつうで、背を下にする選手など、ひとりもいなかった。

この若者はアメリカのディック・フォスベリーといい、「背面跳び」というまったく新しい跳びかたを取り入れていた。フォスベリーは一九六七年には世界ランキング四十八位だった。しかし一九六八年のオリンピックでは、前代未聞の跳びかたで二・二四メートルを跳び、金メダルを獲得して、一大センセーションを巻き起こした。

フォスベリーが行なったのは発想の転換だった。それが走り高跳びの世界に革命をもたらした。現在では、すべてのトップ選手が背面跳びを採用している。フォスベリーはほかのみんなが考えないことを考えることで、新しい方法を編み出した。

どうしたらいつもとはちがう見かたができるのか？　そのためには自分の視点ではなく、他者の視点でものごとを眺めてみよう。

たとえば、顧客や、製品や、サプライヤーや、子どもや、宇宙人や、変人や、コメディアンや、アナーキストや、建築家や、サルバドール・ダリや、レオナルド・ダ・ヴィンチなどの視点で眺めたら、どう見えるだろう。

9章で紹介した「もし〜だったら、どうなるか？」の手法も使ってみよう。あらゆる常識を疑おう。みんなが裕福な地区を探すなら、自分は雨の多い地区を探す。もしみんなが腹を下にして跳ぶなら、自分は背を下にして跳ぶ。

もし渓谷の調査をするとしたら、何通りの渓谷の見かたが可能だろうか？

下から見上げる。上から見下ろす。川岸から眺める。丘の上から反対側の丘の上を見る。渓谷に沿って、歩いたり、車を走らせたりする。ボートで川を下る。衛星写真を見る。地図で調べる。

このようにちがった角度から渓谷を見るたびに、渓谷についての理解は深まる。どんな問題でも、こういうアプローチができるはずだ。慌てて解決策を考えるより、まずはさまざまな角度から問題を眺めてみよう。

真の天才は従来の考えには従わず、自分の考えを「従来の考え」にしてしまう。まったく新しいものの見かたによって、社会を変えてしまう。

ピカソは絵画に新しい見かたを持ち込んだ。それは客観的な姿形でなく、立方体や、輪郭や、印象に着目するという見かただった。

アインシュタインは新しい物理学の手法を思い描いた。それは時間と空間が相対的であるという世界だった。ダーウィンはそれまでとはちがう観点から種の起源について考えた。それは生物を創造されたものとしてでなく、進化したものとして捉えるという観点だった。三人とも、新しい世界の見かたをした。

同じようにアマゾンのジェフ・ベゾスは新しい発想で書籍販売を捉え、イージージェットのステリオス・ハジ＝イオアヌは航空業に新しい視点をもたらし、スウォッチは腕時計のイメージを刷新し、イケアは家具の買いかたを変えた。

まったく新しい角度から問題に取り組めば、常識的な考えの人間には見えないものが見えてくる。イノベーションの可能性は無限に広がる。

# 11

# アイデアの評価をする

Evaluate ideas

創造的な思考のプロセスにおいては、どれだけたくさんのアイデアを出せるかが鍵となる。出されたアイデアの数が多いほど、ほんとうに新しいものを見つけられる可能性は高まる。ただし、そこにはひとつの問題が生まれる。いくつものアイデアのなかから、最終的にどれを選んだらいいのか、という問題だ。

ブレインストーミングの会議に参加して、さまざまなアイデアでボードを埋めつくしたあと、上司から「お疲れさまでした。ではあとはわたしのほうで、これらのアイデアを検討しておきます」と言われ、それっきりになったという経験はないだろうか？

アイデアそのものははじめの一歩にすぎない。適切な評価がなされなければ、実行されず、宝の持ち腐れに終わる。

イノベーションのプロセスにおいて、アイデアの評価はきわめて重要だ。基本的にはアイデアを出すときと同じだけの時間と注意を振り向けたほうがよい。

評価の段階では、実行段階に向けてアイデアを絞り込むため、判断の保留を解いて、きびしい目で判断を下さなくてはならない。

## 選考基準

アイデアはどのように評価したらいいのか？

まずは選考基準を定めよう。基準にはある程度の幅を持たせるべきだが、あいまいになってはいけない。

「いいアイデアであること」では広すぎて、なんでも通過できてしまう。「現予算で即実行できること」ではちょっと幅が狭すぎる。いいアイデアが退けられてしまうだろう。

たとえば、新製品のアイデアを検討しているとしよう。次のような基準なら、いいだろう。

- □ **顧客に気に入られるか？**
- □ **技術的に可能か？**
- □ **利益が出るか？**

基準が決まったら、出されたアイデアをそれと照らし合わせてみる。基準の数は、多いより少ないほうがよい。細かい決まりをいくつも定めるのでなく、この例のように、大まかな基準をいくつか設けるだけにしよう。

創造工学でＦＡＮと呼ばれる次の基準は、どんなアイデアの評価にも使える万能タイプの基準だ。

□ **実行可能か？（Feasible）**
□ **魅力的か？（Attractive）**
□ **斬新か？（Novel）**

なかでも三番めの基準に注目してほしい。この基準を設けることで、フレッシュなアイデアが高く評価されるようになる。

イギリスの大手小売りチェーン、テスコはブレインストーミングや提案のセッションでアイデアを検討する際、次のような基準を使っている。

□ **（顧客にとって）よりよいか？**
□ **（従業員にとって）よりわかりやすいか？**
□ **（テスコにとって）より安いか？**

よりよく、よりわかりやすく、より安いという案ならば、たいていはいい案であり、きっと承認されるだろう。

基準は文脈のなかに置かれる――たとえば、従業員にとって、よりわかりやすいか、というように――ことで、理解しやすく、適用しやすいものになる。

アイデアが出そろったら、放りっぱなしにしないこと。基準を定めて、きびしく評価しよう。試しにまずは「実行可能か、魅力的か、斬新か」や「よりよいか、よりわかりやすいか、より安いか」の基準を当てはめてみるといい。きっとその効果が実感できるだろう。

## 重要度の区別（トリアージ）

数多くのアイデアを短時間で絞り込むためには、重要度の区別（トリアージ）をするとよい。選考基準にもとづいて、各アイデアの重要度を次のように三つに分け、印をつけてみよう。

- □ 見込みがない。傍線で消す。
- □ 興味深い案に思える。チェックマークをひとつ付ける。
- □ 名案に思える。チェックマークをふたつ付ける。

二番めの区分は、疑問の余地のある案を残しておくのに役立つだろう。各アイデアをこのように三つのうちのどれかに区分するというのは、単純だが、きわめて効率のよいやりかただ。見込みのない案はすっぱりと切り捨てて、最高の案を選ぶ作業に時間をかけられる。

## グループで評価するための方法

グループで作業をしていて、アイデアがたくさんある場合は、通常、まとめ役が各アイデアを検討したり、みんなの意見を聞いて回ったり、上述のトリアージを行なったりする。そういうやりかただと、時間がかかりすぎる場合がある。そこで以下に、いくつかほかのやりかたを紹介しよう。

□ まずは、メンバーにそれぞれ五票ずつ投票権を与えるというやりかたがある。各メンバーがボードの前まで出て行って、気に入った案（最大五つ）にチェックマークを付け、最も多くのチェックマークを獲得した案が採用されるというやりかただ。この方法なら、時間がかからず、説得力もある。ただし、目立たない案は見過ごされてしまいやすい。埋もれた名案がないかどうかは、話し合ったほうがよいだろう。また、もうひとつ難点がある。物議をかもしている問題や政治的な配慮の求められる問題では、ほんとうにいいと思える案に投票できなかったり、他人の投票に左右されたりするという点だ。

□そこで無記名投票にするという方法もある。そうすれば政治的な配慮は要らなくなる。批判のある案にも投票しやすいし、その場の雰囲気も気にしないですむ。投票中は、議論をしないこと。必要なら、投票の結果が出てから、話し合いを再開しよう。

□各メンバーが順番に自分の選んだ案を述べるという方法もある。まとめ役がメンバーをひとりずつ指名して、全員に発言の機会を与える。これは時間がかからず、対話的な方法だ。しかしあとから発言する者が前のメンバーの発言に、過度に影響を受ける恐れがある。

アイデアを正しく評価できるかどうかは、ひとりの場合も、グループの場合も、思考のプロセスの要となる。本書の最初のほうで、思考のプロセスの各段階ごとに、思考の方式を切り替えるという話をした。それを思い出してもらいたい。

アイデアを出すときには、拡散的思考を使う。判断は保留し、できるだけたくさんのアイデアを出す。ばかげていても、理にかなっていなくても、かまわない。

この段階では、制限はいっさい要らない。ひとつのアイデアがほかのアイデアを思いつくきっかけになるからだ。アイデアがじゅうぶんに出そろうか、または創造的な発想が尽きたら、集中的思考を使って、いちばんいいアイデアを選ぶ。ここでは批判的、分析的に考えよう。明確な基準に照らし合わせて、見込みのあるアイデアかどうか、判断を下そう。

多くの人はこのふたつの思考方式を分けず、アイデアを出しながら、同時に集中的思考を働かせて、その取捨選択をしようとする。

これは致命的なまちがいだ。実を結ぶかもしれないアイデアの多くが、つぼみの段階で摘み取られてしまう。アイデアを出すときは拡散的思考に徹し、評価の段階ではじめて、集中的思考を使おう。

# 12 むずかしい判断を下す

Make difficult decisions

いくつかの選択肢からひとつを選ばなくてはならないが、それぞれに長所と短所があって、なかなか選べない。わたしたちはときどきそういうむずかしい選択を迫られる。

たとえば、新居の購入を考えていて、魅力のある物件をいくつも見て回ったが、どの物件にもなんらかの欠点があるという場合がそうだ。ビジネスでは、相いれない新製品案や新市場のなかからどれかひとつを選ばなくてはならないという場面があるだろう。

そんなときわたしたちは、一般に、各選択肢の支持者と反対者の意見を聞いて、しばらく話し合ったのち、印象や直感にもとづいて判断を下す。

選択肢の検討段階では、ある程度、分析的に考えるのだが、最終的には、勘で決めようとする。そうすると判断が主観的になり、批判の余地を残すことになる。

肝心なところで、なんらかの厳密な根拠ではなく、感覚に頼るのでは、正しい判断をしたかどうか、確信が持てるだろうか。ほんとうに合理的な判断をしたのか、それとも、そのときの気分や感情に大きく影響されたのか。

そういう自分の判断を批判されると、わたしたちは懸命に反論して、自分自身や相手に対し、いくつもの有力な根拠があることを示そうとする。

重要な判断を下すときは、直感だけに頼るわけにはいかない。重要なことを決めるためには、通常、次のようなステップを踏む必要がある。

**1** **問題を分析する。さまざまなデータを集める。4章「問題を分析する」で紹介したテクニックを使う。問題の原因を探る。問題をいくつかに分けて、取り組みやすくする。**

**2** **創造的な思考のテクニックを使って、できるだけ数多くのアイデアを出す。8章「創造的に考える」を参照。**

**3** **出されたアイデアを評価し、絞り込む。**

**4** **各アイデアを実行したときのメリットとデメリットを列挙する。**

**5** **時間があれば、アイデアを寝かせる。判断を下すまで、しばらく時間をあける。**

**6** **判断を下す。**

**7** **判断を精査する。もし判断が誤りだとわかったら、ためらわずに、考えを改める。**

特別重大な判断を下さなくてはいけない場合は、これよりさらに厳密なアプローチが必要になる。

たとえば、あなたはいま、古い工場を閉鎖して、同じ場所に新しい工場を建設するか、それとも、コストの安い場所に製造部門を移すか、あるいは、インドか中国の企業に外注するかを検討しているとしよう。選択肢は以下のように、七つあるとする。

**1 いまの工場を残し、改修する。**
**2 いまと同じ場所に新しい工場を建設する。**
**3 候補地Aに新しい工場を買う。**
**4 候補地Bに新しい工場を買う。**
**5 インドのX社に外注する。**
**6 中国のY社に外注する。**
**7 何もしない。**

経営陣はこういう問題に直面したとき、どのように判断を下すだろうか?

たいていは、各選択肢に関するデータを集めたり、調査チームに詳しく調べさせて、提案をまとめさせたりする。そして経営陣全員で、その提案を検討して、最終的な判断を下そうとする。

こういうやりかたの問題点は、感情や政治的な要素が入り込んでしまうということだ。

そのせいで往々にして、論点がぼやけ、正しい判断ができなくなる。もっと厳密なアプローチをするためには、ペア式順位法を使って、選択肢を分析するとよい。

ではその方法がどういうものか見ていこう。最初に、上述のように、選択肢をすべて書き出したら、次に、判断の基準をすべて書き出す。たとえば、次のような具合だ。

**A　現在の製造コスト（最小化する）**
**B　切り替えのコスト（最小化する）**
**C　切り替えによって発生する混乱のコストと時間（最小化する）**
**D　需要の増減に対処する柔軟性（最大化する）**
**E　熟練・非熟練労働者の確保（最大化する）**
**F　技能や経験の喪失（最小化する）**
**G　製品の品質に対する自信（最大化する）**
**H　失敗や混乱や製造中断のリスク（最小化する）**

これらの基準のなかには互いに対立するものもあるので、優先順位を決める必要がある。どの基準を重視するかについて話し合って、合意に達することでも、それは決められるだろう。

しかし、重要な問題を扱う場合には、もっと厳密な方法で決めたほうがよい。

## ペア式順位法

ペア式順位法とは、各選択肢をほかの選択肢とひとつずつ比較するという方法だ。毎回、比較をしたら、どちらかに軍配を上げ、勝ったほうの選択肢に「1点」を与え、それから次のペアの比較に移る。

この例でいえば、選択肢A（現在の製造コスト）と選択肢B（切り替えのコスト）を比較し、AがBより重要ということで合意したら、Aに1点を与える。次にAとCを比較して、どちらがより重要かを決める。

ここでは基準が八つあるので、まずはAとほかの七つの選択肢の比較をひととおり行なう。それから、Bについても同じことをする。Aとはすでに比較済みなので、Cとの比較から始めればよい。

最終的には、八つの選択肢について合計二十八組の比較をすることになる（数式で表わすなら、N×(N－1)/2)。これは退屈な作業に思えるかもしれないが、正しい判断のためには絶対に欠かせない。

比較の対象をふたつに絞ることで、合理的な判断がだんぜんしやすくなる。ペアで比較をせず、いっぺんに八つの順位を付けようとすると、主観的な判断をしたり、誤った選択をしたりしやすい。

各ペアの比較をすべて終了し、次のような点数がついたとしよう。

A　現在の製造コスト（最小化する）……………………7
B　切り替えのコスト（最小化する）……………………2
C　切り替えによって発生する混乱のコストと時間（最小化する）……1
D　需要の増減に対処する柔軟性（最大化する）…………6
E　熟練・非熟練労働者の確保（最大化する）……………5
F　技能や経験の喪失（最小化する）……………………0
G　製品の品質に対する自信（最大化する）………………3
H　失敗や混乱や製造中断のリスク（最小化する）………4

これで基準の優先順位は明確になった。優先順位にしたがって、それぞれの基準に重要度の指数を与えられる。Aは二十八分の七なので、25パーセントという具合だ。

A　現在の製造コスト（最小化する）……………………25%
B　切り替えのコスト（最小化する）……………………7%
C　切り替えによって発生する混乱のコストと時間（最小化する）……4%
D　需要の増減に対処する柔軟性（最大化する）…………21%
E　熟練・非熟練労働者の確保（最大化する）……………18%
F　技能や経験の喪失（最小化する）……………………0%
G　製品の品質に対する自信（最大化する）………………11%
H　失敗や混乱や製造中断のリスク（最小化する）…………14%

この重要度の指数はそのまま使ってもいいし、話し合いによって調整してもいい。ただし順位は変えないこと。ここでは話し合いの結果、次のように調整したとしよう。

A　現在の製造コスト（最小化する）……………………23%
B　切り替えのコスト（最小化する）……………………7%
C　切り替えによって発生する混乱のコストと時間（最小化する）……5%
D　需要の増減に対処する柔軟性（最大化する）…………20%
E　熟練・非熟練労働者の確保（最大化する）……………18%

F　技能や経験の喪失（最小化する）……………………2％

G　製品の品質に対する自信（最大化する）…………12％

H　失敗や混乱や製造中断のリスク（最小化する）…………13％

次に、これをもとに判断マトリックスを作る。表12・1の左側に選択肢を、上端に基準をそれぞれ書き入れる。

ここでもふたたびペア式順位法を使って、各基準ごとに、選択肢の順位を付ける。

Aの列から始め、まず選択肢1「改修」と選択肢2「同じ場所に新工場」を、「現在の製造コスト」という観点から比較する。

たとえば、A列の選択肢1「改修」は、「同じ場所に新工場」「候補地A」「候補地B」「インド」「中国」には負けるが、「何もしない」には勝てるので、1点。選択肢2「同じ場所に新工場」は、「インド」「中国」「候補地A」には負けるが、「改修」「候補地A」「何もしない」には勝てるので、3点という具合だ。

時間のかかる作業だが、比較がとても容易かつ精確になるので、最終的な結論に自信が持てる。ではペア式順位法の結果、表12・2のようなスコアが付いたとしよう。

次に、各基準の重要度指数と各スコアを掛け合わせることで、各選択肢の重要度指数を割り出し、さらにそれらの値を合計する。この表12・3から、「候補地Bの新工場」が最

表12.1

| | | A | D | E | H | G | B | C | F | 合計 |
|---|---|---|---|---|---|---|---|---|---|---|
| | | 製造コスト | 柔軟性 | 労働者 | リスク | 品質 | コスト | 混乱 | 技能の喪失 | |
| | | 23% | 20% | 18% | 13% | 12% | 7% | 5% | 2% | |
| 1 | 改修 | | | | | | | | | |
| 2 | 同じ場所に新工場 | | | | | | | | | |
| 3 | 候補地A | | | | | | | | | |
| 4 | 候補地B | | | | | | | | | |
| 5 | インド | | | | | | | | | |
| 6 | 中国 | | | | | | | | | |
| 7 | 何もしない | | | | | | | | | |

善の選択であることがわかる。

いちばん重要な基準――製造コスト――で評価が低いことを問題視する者がいたら、柔軟性と労働力と品質の面でトップであることや、コスト面の欠点はそれらの三要素によって補われることを指摘すればよい。

なお「何もしない」という選択肢が、リスク、混乱、技能の喪失の面で、トップになりながら、最終的には最下位に終わっている。これはそれら三つの基準の重要度指数が低いせいだ。

**表12.2**

| | | A | D | E | H | G | B | C | F | 合計 |
|---|---|---|---|---|---|---|---|---|---|---|
| | | 製造コスト | 柔軟性 | 労働者 | リスク | 品質 | コスト | 混乱 | 技能の喪失 | |
| | | 23% | 20% | 18% | 13% | 12% | 7% | 5% | 2% | |
| 1 | 改修 | 1 | 1 | 0 | 5 | 4 | 5 | 5 | 5 | |
| 2 | 同じ場所に新工場 | 3 | 4 | 2 | 4 | 5 | 0 | 0 | 4 | |
| 3 | 候補地A | 4 | 5 | 3 | 3 | 3 | 1 | 4 | 3 | |
| 4 | 候補地B | 2 | 6 | 2 | 2 | 6 | 2 | 1 | 2 | |
| 5 | インド | 5 | 2 | 5 | 0 | 1 | 3 | 2 | 1 | |
| 6 | 中国 | 6 | 3 | 4 | 1 | 2 | 4 | 3 | 0 | |
| 7 | 何もしない | 0 | 0 | 1 | 6 | 0 | 6 | 6 | 6 | |

思考の達人はいつ左脳を働かせればいいかを知っている。どんなときに分析的・論理的に考え、批判的に検討し、集中的思考を用いるべきなのか。

また、いつ右脳を働かせればいいかも知っている。どんなときに創造性や、着想や、直感や、拡散的思考が必要になるのか。重要な判断を下すときは、直感を信じすぎてはいけない。

ペア式順位法などのツールを使って、批判的、客観的に問題を分析するべきだ。もしその結果に納得できな

表 12.3

| | | A | D | E | H | G | B | C | F | 合計 |
|---|---|---|---|---|---|---|---|---|---|---|
| | | 製造コスト | 柔軟性 | 労働者 | リスク | 品質 | コスト | 混乱 | 技能の喪失 | |
| | | 23% | 20% | 18% | 13% | 12% | 7% | 5% | 2% | |
| 1 | 改修 | 23 | 20 | 0 | 65 | 48 | 35 | 25 | 10 | 226 |
| 2 | 同じ場所に新工場 | 69 | 80 | 36 | 52 | 60 | 0 | 0 | 8 | 305 |
| 3 | 候補地A | 92 | 100 | 54 | 39 | 36 | 7 | 20 | 6 | 354 |
| 4 | 候補地B | 46 | 120 | 108 | 26 | 72 | 14 | 5 | 4 | 395 |
| 5 | インド | 115 | 40 | 90 | 0 | 12 | 21 | 10 | 2 | 290 |
| 6 | 中国 | 138 | 60 | 72 | 13 | 24 | 28 | 15 | 0 | 350 |
| 7 | 何もしない | 0 | 0 | 18 | 78 | 0 | 42 | 30 | 12 | 180 |

いときは、どこかに誤った思い込みがなかったか、振り返ってみよう。

場合によっては、はじめから分析をやり直す。そうすることで最も信頼できる結論が得られる。

最善の判断に達し、その判断のもたらす結果について考え尽くしたら、あとはもうためらわず、行動を起こすだけだ。

## 13

# 言葉で考える力を伸ばす

Develop your verbal thinking

西洋では、ものを考えるときにいちばんよく使われる手段は、言葉だ。言葉のほかにも、数字や、音楽や、空間や、感情や、運動など、知性の働かせかたはいろいろとあるが、わたしたちは何よりも言葉に頼る。

たいていはなんでも言葉で考え、言葉で自己を表現する。次のように言っても過言ではないだろう。言語的知性、つまり言葉を操る能力こそ、わたしたちが磨くべき最も重要な技能だ、と。

なぜならそのほかの技能はすべて、言葉の理解を前提にしているからだ。幼児期の学習過程のかなりの部分は、話す、聞く、読む、書くなど、言語能力の発達に費やされる。

赤ちゃんは北京でも、マドリードでも、シドニーでも、モスクワでも、どこで育てられても、何千時間もの時間をかけて、その国の言葉を習得する。やがて言葉の表現の多彩さや、威力や、複雑さや、微妙なニュアンスを驚くほど巧みに使いこなせるようになる。

しかし、いったん人並みに話せるようになると、たいていは、そこで言葉の能力を磨くのをやめてしまう。

いくつもの研究から明らかなとおり、言語的な能力の高さや語彙《ごい》の豊かさと、仕事での成功とのあいだには相関関係がある。

自分の考えをうまく述べられる者ほど、頭がいいと見なされ、高い地位につける。尊敬も得られる。

では、なぜみんな言葉の能力を磨きつづけようとしないのか？

なぜ小さいころはあれだけ熱心にしていたことをやめてしまうのか？

原因は、言葉の能力を当たり前のものと思うことにある。読み、書き、話す能力を身に付けてはじめて、わたしたちはほかのことができる。

言葉は思考にとって最も肝心なツールだ。何をするときでも、言葉に頼るというのに、それを磨くことはおろそかにされている。もっと言葉というツールを手入れし、強化し、拡張するべきだ。

以下にそのための方法をいくつか紹介しよう。

## いい辞書と類語辞典を持つ

机上でいちばん頼りになる相棒といえば、国語辞書と類語辞典だ。

新しい言葉と出会ったときは、辞書を引いて、意味や用法を調べよう。また理解のあやふやな言葉があれば、どんどん辞書を引いて、正確な意味や綴《つづ》りかたを確かめよう。類語辞典もたいへん役に立つ。

文章を書いていて、繰り返しを避けたり、的確な表現を探したりするときは、積極的に活用しよう。

パソコンのソフトにスペルチェック機能や類語辞典が備わっているなら、ぜひ使ったほうがよい。嵩《かさ》のある紙の辞書の補助として、とても重宝する。

## 〈〈〈 本を読む

この本の読者に、本を読もうなどというアドバイスは無用かもしれない。

しかし現代人は一般に、仕事に追われたり、テレビや携帯電話やインターネットによって情報の洪水にさらされたりしているせいで、読書を後回しにしがちだ。文章修行のためには、すぐれた作家の文章を読むのがいちばんいい。

古今の名作も、第一級のノンフィクションも、質の高い新聞や雑誌の記事もすべて、貴重な肥やしとなる。みなさんは詩をどれぐらい読んでいるだろうか？

ぜひ最近の詩をいくつか読んだり、お気に入りの古い詩を読み返したりして、詩人ならではの卓越した表現を堪能し、インスピレーションの源にしてほしい。

よく書けている本を読むことには、ふたつの次元の効果がある。

ひとつは、その本で取り上げられているテーマについて、理解が深まったり、知識が増したりするということ。

そしてもうひとつは、それと同時に、理解力や語彙力や表現力も高められるということだ。本の読みかたは基本的には、多くの情報をすばやく取り入れられるよう、速読がよい。速読の本や講習会は数多くある。

ただし、ときどき、とびきり力のある文章や引き込まれる文章に出会う。そういうときはじっくりと再読して、その秘密を探ろう。そこで使われている言葉や比喩を味わい、論の進めかたを分析し、鍵となる部分に下線を引くなどしてみよう。メモを取っておいて、自分で文章を書くときに、そのスタイルをまねてもいい。

もし妻や夫が読書好きという幸運なかたがいたら、互いに文章を声に出して読み合ってみるといい。

おもしろい短めの文章を選び、それを気持ちを込めて、朗読しよう。子どもは親や教師の言葉を聞いたり、本を読んでもらったりして、言葉を学ぶ。

おとながそれをやってもいいし、きっと楽しいはずだ。読んだあとに、その文章について語り合うのもいいだろう。

そこから何を得たか？　作者のスタイルのどういうところがいちばん好きか？　作者の言わんとしていることは何か？　作者の考えに賛成か？　学生時代に戻ったつもりでやってみよう。

## 知らない言葉を逃さない

『リーダーズ・ダイジェスト』誌に「語彙を増やして損はない」というタイトルの連載がある。

まさにそのとおりだ。知らない言葉に出会ったら、必ず、辞書を引いて、意味や用法などを調べよう。

知らない言葉を飛ばして、読み進めるのは簡単だ。だから新しい言葉を覚えるこのチャンスを逃したくなかったら、意識して辞書を引く必要がある。

たとえば、philology（文献学）という言葉に出会ったとしよう。これは言語とその歴史的な発展について研究する科学の名称だ。

「友」を意味するギリシア語 philos と、「語」を意味するギリシア語 logos に由来している。だからその背後には「言葉への愛」という意味がある。

辞書ではこの言葉の近くに、おそらくphilanthropy（博愛）やphilately（切手収集）やphilharmonic（音楽好きの）やphilosophy（哲学）などという言葉が見つかるだろう。

これらの言葉はすべて、philosという語根を持ち、何かへの愛を意味している。こういう言葉の探究をもっともっと続けていくのが、言葉を愛し、言語の科学的な研究をするphilologist（文献学者）だ。

語彙が増えてきたら、適切な文脈のなかで、新しく知った言葉を使ってみよう。そうすることで忘れにくくなる。

ただ日常生活で、むずかしい抽象的な言い回しを多用するのは、よくない。気取っているように見えたり、偉ぶっているように見えたりする。ふさわしい場面で、正しい意味で使えてはじめて、語彙の豊かさはあなたの力となる。

語彙が増えることには、知的水準の高い文章を読めるようになるという二次的な利点もある。文章の書きかたについての本は多数出版されているので、自分に合ったものを見つけよう。原則としては、書くときも、話すときも、簡潔さを心がけるべきだ。とはいえ、正確な意味を伝えるために必要なら、非日常的な言葉もためらわずに使ってかまわない。

## 書く、見直す、削る

どんな文章も推敲《すいこう》すれば、それが携帯メールであっても、小説であっても、必ずもっとよくなる。文章に磨きをかけるよい方法は、書いたものを読み直して、次の三点をチェックすることだ。

□ 自分の言いたいことが正しく言い表わされているか？

□ 読み手にわかってもらえる明快な表現になっているか？

□ もっと簡潔に、もっと正確にできないか？

余計な語や文は見逃してはならない。デジタル写真のできばえは、端を切り取って、被写体を際立たせることでたいていはよくなる。それとまったく同じで、文章も、不要だったり、くどかったりする部分を削ることで、よりよいものにできる。

## 言葉で遊ぶ

子どもは遊び感覚で言葉を使い、試し、実験し、まちがえ、丁寧に訂正してもらうなかで、言葉を覚えていく。おとなもそういう感覚を思い出して、言葉と戯《たわむ》れてみるとよい。言葉のゲームで遊べば、言葉を操る能力や知力を高められる。

標準的なIQテストの多くには、言葉のパズルが採用されている。アナグラムや、ヒントのむずかしいクロスワードや、暗号解読や、単語探しや、言葉を言い当てる判じ絵や、言葉のなぞなぞなどは、頭を鍛えるいいトレーニングになる。

辞書遊びというのも、単純だが、なかなかおもしろい。ひとりが辞書のなかからある語義を読み上げ、ほかの者はその言葉を言い当てる。一般的な言葉であっても、あまり使われない語義から読み上げはじめれば、むずかしい問題にできる。

## 自分が話すのを聞いてみる

文章を読み直して、推敲するのと同じ作業を、スピーチについてもやってみよう。できれば自分のしゃべる姿をビデオに収め、それを見てみるとよい。とくに重要な話やプレゼンの予行練習のときには、たいへん役に立つ。思っていたより言いまちがいが多かったり、ふだんの会話での悪いくせがそっくりそのまま出ていたりして、きっと驚くだろう。

たとえば、「ええと」とか「あの」とか「それで」とか、無用なつなぎの言葉を挟んでしまう人は多い。口ごもる、繰り返す、とりとめがない、もごもごとしゃべるなどが、悪い例の代表だ。

詩人ラドヤード・キプリングは次のように言っている。

「言葉は人類に与えられた最も強力な麻薬だ」

言葉は人を感動させ、興奮させ、酔わすことができる。語彙を増やし、表現力を高める努力を続ければ、やがて最強の武器を手に入れられるだろう。

あなたの言語能力をチェックしよう

- □1 知らない言葉に出会ったときは、いつも辞書を引いて、意味や用法を調べている。
- □2 本を読むのが好きだ。
- □3 ほぼ毎日、本を読むか、雑誌や新聞の記事を読んでいる。
- □4 本や本の内容についてほかの人と語り合っている。

□5 新しい言葉を覚えたり、使ったりすることが好きだ。
□6 文章を書いたら、読み直して、わかりやすさを確かめている。
□7 簡潔な文章を心がけ、不要な部分やくどい部分は努めて削っている。
□8 クロスワードなどの言葉のパズルが好きだ。
□9 ダジャレなどの言葉の遊びをときどきしている。
□10 自分の考えを明確に述べる自信があり、言葉に詰まることは少ない。

これらのうち八項目以上に「はい」と答えられたら、優秀だ。

# 14 数学的に考える

Think mathematically

世のなかには、数学は嫌いだという人が少なからずいる。数学的な概念に恐怖心や警戒心を抱いている人たちだ。数字に苦手意識があり、変数とか、平均とか、確率とか、ちょっと複雑なグラフや統計とかの話になると、たちまち頭を抱えるか、逃げ出すかしてしまう。

わたしはそういう人が気の毒でならない。ビジネスで大きなハンデを背負うことになるからだ。

数字や計算や百分率を使いこなせるかどうか、比例や従属変数などの概念を理解しているかどうかで、ビジネスはぜんぜんちがってくる。また、数学が苦手という人は思考のツールをひとつ失うだけでなく、数学の力や美しさを知ることもできない。

通常の思考は、言葉で行なわれる。わたしたちは言葉や、言語的な概念や、言語的な推論でものを考える。そして論理を使う。しかし言葉や論理だけでは歯が立たない問題もある。次の問題を考えてみよう。

**「農場主」**

農場主は毎年、ジャガイモを10トン出荷している。同時に、次の年の収穫のため、種ジャガイモも育てている。撒《ま》いた種ジャガイモの量に対し、ちょうど20倍の収穫量があるとしたら、毎年、同じ供給量を保つためには、何トンの種ジャガイモを植えればいいか。

あなたなら、この問題をどう解くだろう? ちょっと考えてみてほしい。ではもうひとつ別のクイズを出そう。こちらはもっと単純な問題だ。しばらく本を置いて、この問題も解いてみてほしい。そのあと、みなさんがこの問題にどう取り組んだかを見てみたい。

**「遠出」**

ある早朝、平均時速60キロで車を飛ばし、ロンドンへ行った。午後、平均時速40キロで家に帰ってきた。行きと帰りを合わせた平均時速は何キロになるか?

最初の「農場主」の問題には、いくつかの解きかたがあるが、代数を使わないと、ちょっとややこしい。代数を使えば、すっきりと解くことができる。毎年植える種ジャガイモの量を$x$としよう。そうすると、次のように問題を解ける。

$$20x=10+x$$

$$19x=10$$

$$x=\frac{10}{19}\text{トン}=0.526\text{トン}$$

未知の事実と、等式にできる既知の事実とがあるとき、代数は打ってつけの解法だ。いろいろな使いかたができる。

たとえば、次のような数の問題を解くときにも役に立つ。

ある正方形の部屋に1000枚掛ける1000枚のタイルが使われ、もうひとつの正方形の部屋には1003枚掛ける1003枚のタイルが使われている。後者の部屋には前者の部屋より何枚多くのタイルが使われているか？　1003平方は1000平方に比べ、どれだけ広いか？

これには次の式が使える。

$a^2 - b^2 = (a + b) \times (a - b)$

aには1003が、bには1000が入る。

ゆえに、答えは、

$(1003 + 1000) \times (1003 - 1000)$

$= 2003 \times 3 = 6009$

さて、「遠出」にはどういう答えが出されただろう?

おそらくほとんどの人は、反射的に、時速50キロと答えたのではないだろうか。しかし、それは正解ではない。ロンドンまでの距離が120キロだったとしよう(120にしたのは、40でも60でも割りやすいから)。そうすると行きには2時間かかり、帰りには3時間かかる。

つまり往復では、240キロの走行に5時間かかったということだ。ゆえに平均時速は

240キロを5時間で割った時速48キロとなる。これは直感を信じてはならない典型的な例だ。こういう場面では厳密な計算が求められる。

以上の問題から、基礎的な数学的思考を用いることで得られる効果や正確さが、わかっていただけたと思う。

数学的な観点から明晰に捉えたり、図式化したりすることで、問題は格段に取り組みやすくなる。また平均時速のクイズからは、直感が必ずしも当てにならないことや、厳密な数式を立てることがいかに有益かも、わかっていただけたはずだ。ではもうひとつ、そのことを示す別の有名な問題を紹介しよう。

「赤道線上のロープ」

赤道上における地球の直径はおよそ13000キロメートル（正確には赤道付近で12756キロメートル）ある。赤道に沿って、地球に一本のロープを巻いたとしよう。次に別のロープを、やはり赤道に沿って、最初のロープから1メートル高いところに巻いたとする。二本めのロープは一本めのロープよりどれだけ長くなるか？

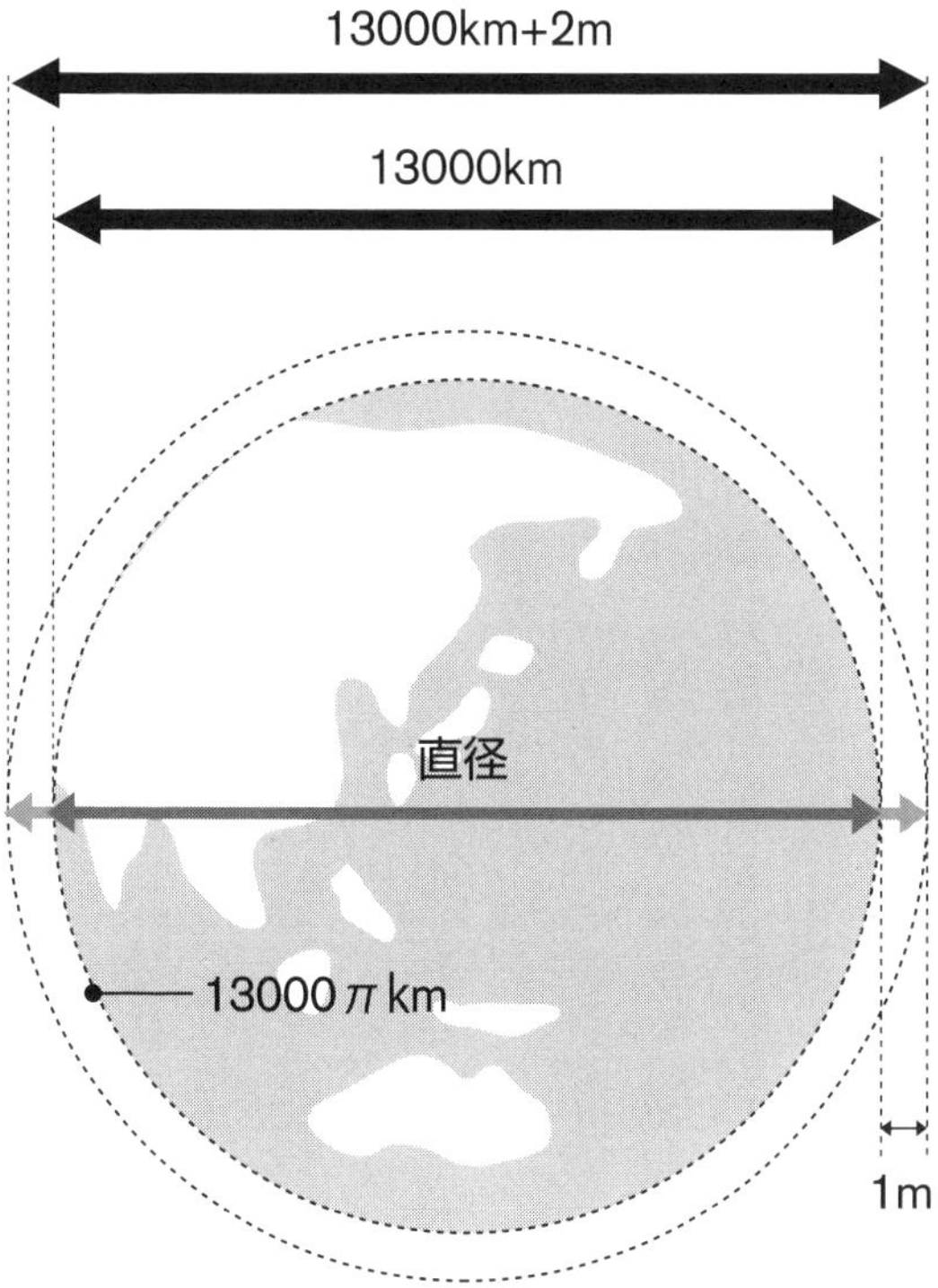


図 14.1　地球に巻いたロープ

二本めのロープは一本めのロープより、だいぶ長くなるとほとんどの人は予想するだろう。きっと数十キロメートルは長くなるだろう、と。

学校で習った公式に当てはめれば、この問題は解ける。円周の長さは、円周率（π）×直径（d）。とすると一本めのロープの長さはおよそ13000πキロメートルとなる。二本めのロープの直径は一本めより2メートル長い。

ということは二本めは一本めより2πメートル長くなる。つまり「約6・3メートル長い」がこの問題の答えとなる（図14・1）。これは直感では信じられない答えだ。感覚的な判断は必ずしも当てにならないことが、この問題からもわかる。

数学に水平思考を組み合わせれば、とても強力な問題解決のツールを手に入れられる。次のふたつの問題をじっくり考えてみよう。

「テニストーナメント」

123人の選手がノックアウト方式のテニストーナメントに参加している。優勝者が決まるまでに、合計で何試合が行なわれるか？

「本棚」
6冊の異なる本が本棚にある。これらの本には何通りの並べかたがあるか。
ただし、『類語辞典』は必ず『国語辞典』より左側に置かれなくてはならない。

どちらの問題にも、二通りの解きかたがある。地道な方法と水平的でエレガントな方法だ。

テニストーナメントの問題を地道な方法で解く場合は、2で割ることで、一回戦から決勝までのそれぞれの試合数を計算する。出場選手が128人なら、一回戦は64試合、二回戦は32試合、三回戦は16試合という具合になる。ここでは出場選手が123人なので、5人の選手の一回戦を不戦勝にすると、一回戦の試合数は59試合となる。というわけで答えは、59＋32＋16＋8＋4＋2＋1という計算により、122試合と導き出せる。

しかしもっと賢い解きかたがある。各試合では必ず敗者が生まれる。トーナメントでは優勝者を除き、全員が1回ずつ敗れなくてはならない。つまりn人の出場選手がいれば、(n－1)試合が行なわれるということだ。ゆえに123人のトーナメントなら、試合数は122となる。

では、本棚のクイズを考えてみよう。まずは『類語辞典』を左端に置いて、何通りの並べかたがあるかを数える。

次に、『類語辞典』を左から二番めに置き、なおかつ『国語辞典』がそれより右側にある状態で、何通りの並べかたがあるかを調べる。これと同じことを左から五番めの位置に『類語辞典』を置くまで、行なう。六番めの位置に置くと、『国語辞典』をそれより右側に置くことができないので、もうそこでは可能な並びかたはない。

こうしてすべての並びかたの数を足し合わせれば、答えが出る。

しかしもっとエレガントな解法がある。左端に置くことのできる本は6冊、つまり6通りある。左端に置く本が決まると、その右隣に置ける本は5冊、つまり5通りとなる。その先も同じように続ける。そうすると、並びかたの総計は6×5×4×3×2×1で、720通りと算出できる。

これらのうち『類語辞典』が『国語辞典』より左に置かれるのは、ちょうど半分の場合においてだ。ゆえに、『類語辞典』を『国語辞典』より左に置くという条件で6冊の本を並べる並べかたは、360通りあるということになる。この本棚のクイズには、シンメトリーの原理がみごとに当てはまる。

基礎的な数学の能力を身につけたり、伸ばしたりするためにはどうしたらいいか？　たとえば、次のような方法がある。

□ 子どもの算数などの宿題を手伝う。

□ 新聞や雑誌に載っているクイズや頭の体操的な問題にチャレンジする。

□ 店で複数の品物を買うとき、その合計金額を頭のなかで計算する。足し算は暗算で行なう。紙幣で代金を支払うときは、必ず、あらかじめおつりを計算し、おつりを受け取ったら、金額にまちがいがないか確かめる。

□ 図や表を描く。自宅の部屋の図面を描いて、床面積を概算してみる。

□ いろいろなものを見積る。庭の芝刈りでは、合計何メートル歩くことになるか？木についている葉の数は何枚か？

□ 数学関連の本を読む。自分のレベルに合ったものを選ぶこと。意外と楽しめるはずだ。

# 15 確率を理解する

Get to grips with probablity

多くの人は基礎的な統計や確率の理論をよく知らないか、まったく知らず、それが思考の弱点になっている。わたしたちの犯すまちがいには、簡単な統計を使うだけで避けられるものが少なくない。

現実の例を紹介しよう。医者たちを困惑させた問題だ。

人口の5パーセントが罹患《りかん》する致死性の高い病気がある。病気を検査する方法は確立されていて、検査の精度は高い。罹患者が検査を受けた場合、90パーセントは陽性となり、10パーセントは陰性となる。罹患していない者が検査を受けた場合、90パーセントは陰性となり、10パーセントは陽性となる。

あなたが検査を受けたところ、結果は陽性だった。あなたがこの病気にかかっている確率はどれぐらいか?

ちょっと考えてみよう。これは生死に関わる重大な問題だ。

検査で陽性反応が出たら、罹患している可能性はかなり高いとたいていの者は考える。医者の多くもそう考える。罹患者の90パーセントが陽性反応を示す検査なら、検査結果が陽性なら、罹患している確率は90パーセントだと思うからだ。

しかし実際の確率はそれよりはるかに低い。無作為に選ばれた１０００人がこの検査を受けたとしよう。人口の５パーセントが罹患する病気なので、そのなかに罹患者は50人、罹患していない者は９５０人いると考えられる。罹患者50人のうち、90パーセントに当たる45人は検査で陽性となり、残りの５人は陰性となる（「偽陰性」と呼ばれる）。病気にかかっていない９５０人のうち、90パーセントに当たる８５５人は検査で陰性となり、残りの95人は陽性となる（「偽陽性」）。

つまり合計では、１０００人のうち１４０人が陽性となるが、ほんとうに罹患しているのはそのうちの45人にすぎない。だから、あなたが検査で陽性だった場合、病気にかかっている確率は１４０分の45、つまり32パーセントだ。これはけっしてめずらしいことではない。致死性の高い病気にかかったと誤って信じ込み、体にもよくない苦しい治療を受けてしまう例は多い。

こういう問題を扱うための便利なツールがある。図15・１に示した「決定木《けっていぎ》」だ。決定木とは、あらゆる起こりうる結果を書き入れた樹状の図のことで、各枝に数字やパーセンテージを書き入れてもいい。数字を書き入れれば、総数を計算できる。

ここの図では、陽性反応が出る人の総数を突き止められる。また、確率も計算できる。たとえば、実際の罹患者数45人を、検査で陽性となった１４０人で割れば、32パーセント

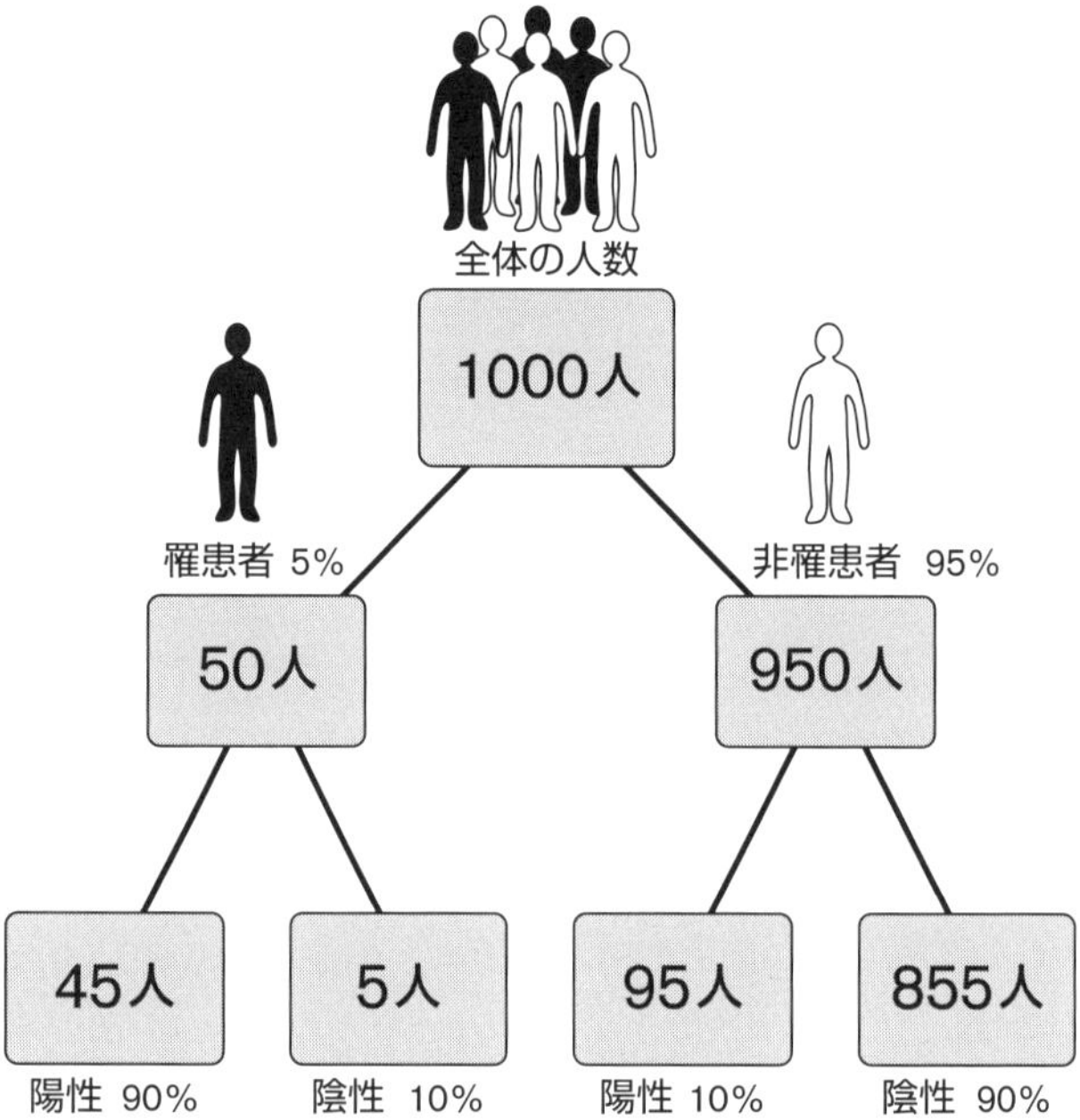
全体の人数
1000人
罹患者 5%
非罹患者 95%
50人
950人
45人
5人
95人
855人
陽性 90%
陰性 10%
陽性 10%
陰性 90%

図 15.1 決定木

という確率を導き出せる。

ここではひとまず、確率における三つの重要な概念を紹介しておこう。確率では出来事を次の三つに分ける。

□ **排反的（互いに相いれない）**
□ **独立的（互いに関係しない）**
□ **条件的（互いに関係する）**

コインを投げると、裏か表が出る。それらのふたつの確率は排反的だ。ひと組のトランプから一枚のカードを抜き取ったとき、そのカードはキングのこともあれば、キングでないこともある。それらの確率も排他的だ。

出来事が排他的であるとき、ある出来事が起これば、別の出来事は起こりえない。だからそこでは各出来事の確率の総計は100パーセントになる。

「独立的」とは、読んで字のごとくだ。独立した出来事が同時に起こる確率は、それぞれの確率を掛け合わせることで計算できる。あしたの降水確率が3分の1で、わたしが宝くじに当たる確率が1000万分の1だとしたら、あした雨のなかでわたしが宝くじに当たる確率は、3000万分の1となる。

第二の出来事の確率が、第一の出来事を条件として決まるという場合がある。たとえば、ひと組のトランプから2枚のカードを順番に抜き取るとき、両方ともダイヤである確率はいくらか？

最初のカードがダイヤである確率は、4分の1。二番めのカードがダイヤである確率は、最初のカードがダイヤだった場合、51分の12。それゆえ両方ともダイヤである確率は、204分の12となる。

覚えておくとたいへん役に立つのは、確率を逆算するテクニックだ。排他的な出来事ならば、100パーセントから一方の出来事の確率を引けば、もう一方の出来事の確率を導き出せる。

たとえば、さいころを3回振ったとしよう。六の目が1回以上出る確率はいくらか？六の目が出る確率は毎回6分の1だから、3回振れば、6分の3の確率で六が出るだろうと、おおかたの人は考える。

しかし、そうだとすると、6回振れば、必ず1回は六が出ることになる。現実にはそんなことはないので、それは誤りだとわかる。次のように考えるのが正しい。

**1回振って、六が出る確率は、6分の1。**
**1回振って、六が出ない確率は、6分の5。**

**3回振って、六が出ない確率は、6分の5×6分の5×6分の5で、216分の125（0・58）。**
**3回振って、六が出る確率は、1から0・58を引いて、42パーセント。**

要するに、複数の独立した出来事の確率は足すのでなく、掛けることで、すべての出来事が起こる確率や、起こらない確率を計算できるということだ。

だからある馬が3レースに出場して、それぞれのレースで勝つ確率が3分の1だったとすれば、3レースすべてで勝つ確率は9分の1となる。馬券を買う人の多くが損をするのは、複数のレースすべてに勝てる確率を実際より高く見積もって、前のレースの勝利金を次のレースに注ぎ込んでしまうからだ。

もうひとつ確率の逆算が使える有名な例を紹介しよう。「誕生日」の問題だ。部屋に何人の人間がいれば、そのなかに同じ誕生日の者が2人いる確率が、いない確率を上回るか？

部屋にいるのが2人の場合から始めよう。その2人の誕生日が同じである確率は、365分の1だ（閏《うるう》年ではないと仮定）。だから逆に、2人の誕生日が同じではない確率は、365分の364となる。

そこに3人めが加わると、どうか。はじめの2人の誕生日が同じではないとすれば、3

人めの誕生日が2人と異なる確率は、365分の363となる。4人めが加わった場合は、やはりはじめの3人の誕生日が同じではないとすれば、4人めの誕生日が3人とちがう確率は、365分の362だ。

以下、同じように続けられる。つまり、4人の誕生日が異なる確率は、次のように計算できる。

$$\frac{364}{365} \times \frac{363}{365} \times \frac{362}{365} = 98.4\%$$

これは逆に言えば、4人のなかに誕生日の同じ者がいる確率は、1・6パーセントということだ。この計算を続けていけば、どこかの時点で、50パーセントを下回る。そうすると、意外にも、たった23人いればいいことがわかる。部屋に23人以上いれば、同じ誕生日の者が2人いる確率は、いない確率を上回る。

最後に、確率を正しく理解していないギャンブラーがどういうまちがいを犯すかを指摘しておこう。その原因は、次のような誤解にある。標準偏差は時間とともにゼロに近づくから、それを予測に役立てればいい、という誤解だ。

だからたとえば、モノポリーの前半戦で、一等地「メーフェア」がまだ空いたまま残っていると、後半戦ではほかの土地より獲得される可能性は高まると、誤って考えてしまう。同じように、ルーレットで赤が5回連続で続くと、次は黒になる確率が高いと考える。赤が6回続くことはめったにないという事実も、その考えの支えとなる。しかし人為的な操作がないかぎり、次の回も、黒になるか、赤になるかの確率は、五分五分だ。

基本的な確率の理論をちょっと学ぶだけで、リスクや、チャンスや、統計や、ギャンブルを理解するときにたいへん役に立つ。それまでより合理的に、選択肢や可能性を検討できるようになるだろう。

確率についての本は多数出版されている。それらを読めば、ここで簡単に紹介したものよりさらに驚くべき確率の世界を知ることができるだろう。

# 16

# 視覚的に考える

Think visually

まずは次のクイズに挑戦してほしい。

**Q1** 6本のマッチを使って、同じ大きさの正三角形を4つ作るには、どうしたらいいか？

**Q2** 1メートルの棒1本だけで、川幅を正確に計測するには、どうしたらいいか？

**Q3** 12メートル四方の正方形の部屋がある。天井の高さは4メートル。その部屋の天井の隅にハエが一匹とまっている。その隅から反対側の床の隅には、ハエを狙うクモがいる。クモは最短距離で床か壁か天井を伝ってハエに近づきたい。どのようなルートで近づけば、最短距離となるか？

このクイズを解くためには、視覚的ないしは図式的な思考や、場合によっては、基礎的な幾何学や三角法の知識が必要になる。

あなたは図や表や地図や絵などで考えることができるか？　二次元や三次元や四次元で考えることができるか？

四次元はさすがにむずかしいかもしれないが、絵や図表で考えることは、思考の補助にとどまるものではない。それができなければ、理解できなかったり、対処できなかったりする問題もある。

上のクイズでも、言語的思考や数学的思考はあまり助けにならない。わたしたちはものを描写するとき、すっかり言葉に頼りきっているので、言葉ではうまく伝えられないものに出くわすと、いかに言葉が不自由かを知って、愕然とさせられる。

試しにゆで卵立てとか、コルク抜きとか、コート掛けとか、変わった形状のものを、それが何であるかや、何に使われるかを言わず、形を描写するだけで、相手にそれだとわからせられるかどうか、やってみてほしい。きっと正確に情報を伝えるのは容易ではないはずだ。だから、用途のわからない変わった形のものを扱うときは、絵や図表が必要になる。

わたしの講習会では、次のような演習を行なっている。

まずひとりの受講生に、ある家の写真を見せる。写真を見たその受講生は、その家の外観について、別の受講生に、言葉で簡単に説明する。説明を聞いた受講生はそれに対し、いくつか質問をしたのち、聞いた説明や答えをもとに、家の絵を描く。

この演習はむずかしくて、なかなか正確な絵は描けないが、とても勉強になる。受講生はこの演習を通じて、いかに質問の技術が未熟か、いかに思い込みが多いか、いかにイメージを伝える言葉が少ないかを知る。

子どもは自信たっぷりに絵を描く。どんなものでも好きなように楽しく描き、他人から批判されることもない。

おとなになるにつれ、わたしたちは自分の絵と他人の絵を比較するようになり、絵を描くことに自信を失っていく。芸術的な才能に恵まれた人間は世のなかの少数派であり、自分はそこには含まれていないことも、しだいにわかってくる。

才能のある者はみごとな絵を描ける。自分より数段じょうずに絵を描ける者がいるとわかると、どうしても絵を敬遠しがちになる。

しかし芸術家ほどうまく絵を描けなくても、ものを考えたり、問題を解決したり、考えを伝えたりするうえで、図表を用いることはできる。

もし旅行者から道を尋ねられたら、たいていは距離とか、右折とか左折とか、目印の建物とか、通りの名とかを言って、道順を教えるだろう。

しかし、もしそのときどちらかが地図を持っていれば、その地図上で、道順を示すはずだ。ならば、地図がないときには、略図を描いてみてはどうか？　口だけの説明より、は

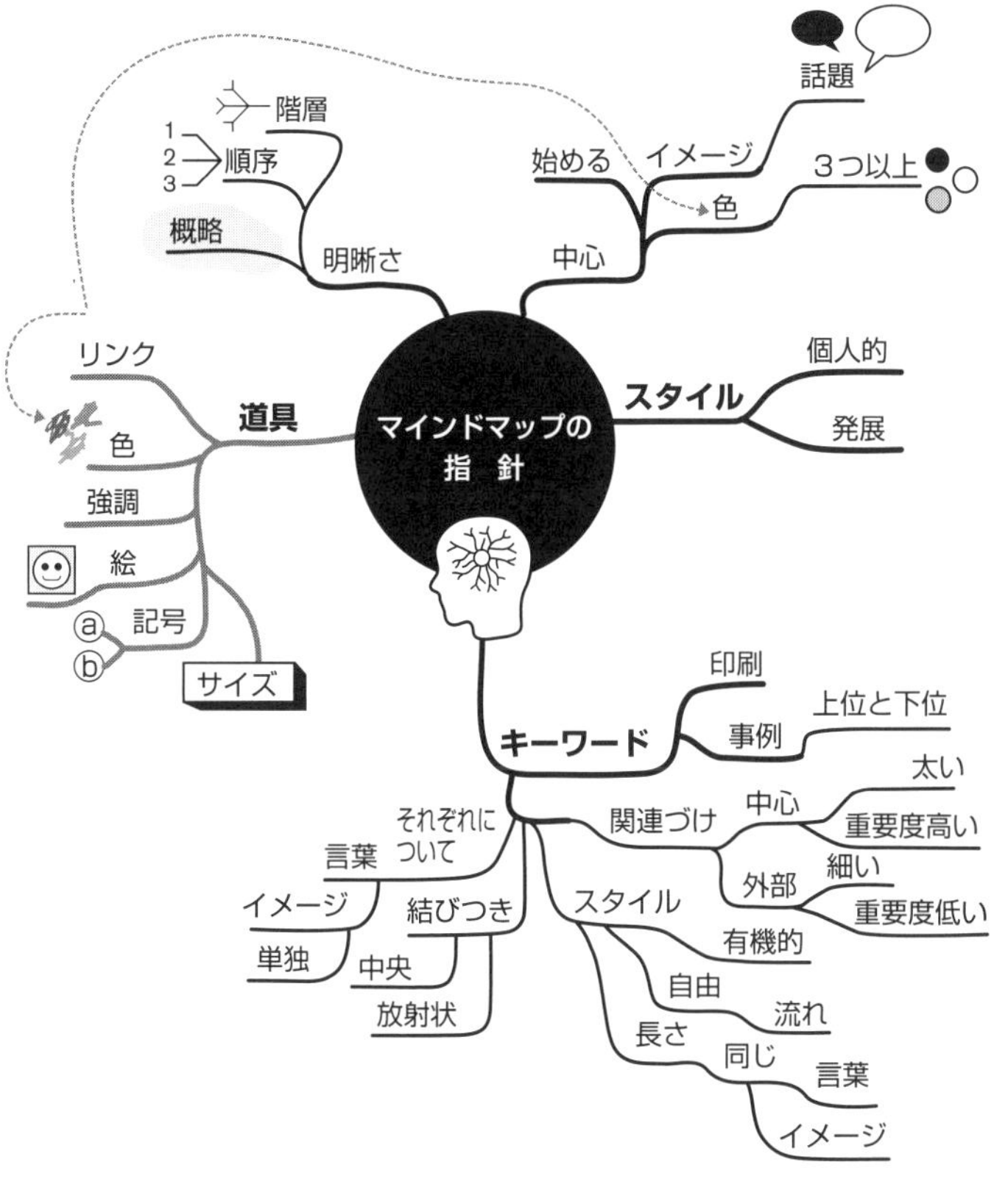


図 16.1　マインドマップの例

るかにわかりやすくなるだろう。
授業や会議でメモをとるときは、マインドマップを作ってみよう。

マインドマップはトニー・ブザンが広めた手法だ。それについて書かれたブザンの本はぜひ一読してみるといい。まず紙の真ん中に、中心となるテーマの簡単な絵を描く。次に、そのテーマに関連した主なアイデアの数だけ、そこから枝を伸ばして、枝のひとつひとつにそのアイデアを一語で書き入れる。次にそれぞれのアイデアについても、同じように枝を伸ばして、関連するアイデアを書き入れる。

以降、そのようにしてどんどんアイデアを書き込んでいける。ものごとを理解したり、記憶したりするうえで、これはとても役に立つ方法だ。図16・1では、マインドマップについてのマインドマップを行なってみた。

図式的な思考を助ける方法にはそのほかに、ノートを持ち歩いて、絵を描くという方法もある。メモを取るとき、言葉だけでなく、絵も描いてみよう。子どもの落書きのような絵でもかまわない。絵を描くことで、言葉にしにくい概念を表現できるようになる。

たとえば、部屋のレイアウトを変えたいとしよう。新しいレイアウトは言葉で説明するより、絵を描くほうがはるかにわかりやすい。

偉大な芸術家や発明家やデザイナーには、視覚的にものを考える者が多い。

発明家ニコラ・テスラが発電機を開発したときも、イメージが使われた。テスラは想像だけで、新しい発電機を設計した。そして頭のなかで、試運転を行なって、どう動くか、またどういう欠陥があるかを確かめた。発電機の試験は頭で行なおうが、実験室で行なおうが、ちがいはないと、テスラは語っている。結果は同じなのだから、と。

あなたの視覚的思考力をチェックしよう

□1 過去一カ月のあいだに、図表を使って人に何かを説明したか？
□2 過去一週のあいだに、図表を使って、何かを理解したり、記憶したりしようとしたか？
□3 過去六カ月のあいだに、二回以上、美術館や博物館に足を運んだか？
□4 知らない場所へ行くとき、前もって地図で調べることが好きか？
□5 地図の等高線を見て、景色を思い浮かべられるか？
□6 学生時代、幾何学が好きだったか？
□7 デジタル写真の編集が好きか？　たとえば、写真のできばえをよくするため、トリミングなどをすることがあるか？

□8　エンジニアが描いた二次元の製品設計図や、建築家が描いた二次元の建築図面を見て、それらの製品や建物を思い浮かべられるか？
□9　過去一年のあいだに、ジグソーパズルを組み立てたか？
□10　ものを記録したり、記憶したりするのにマインドマップを使っているか？

これらのうち七項目以上に「はい」と答えられたら、優秀だ。

## クイズの答え

**Q1** 二次元で考えると難問だが、三次元で考えれば、答えは簡単に出る。以下のようにピラミッド型（正確には四面体）にすればいい。

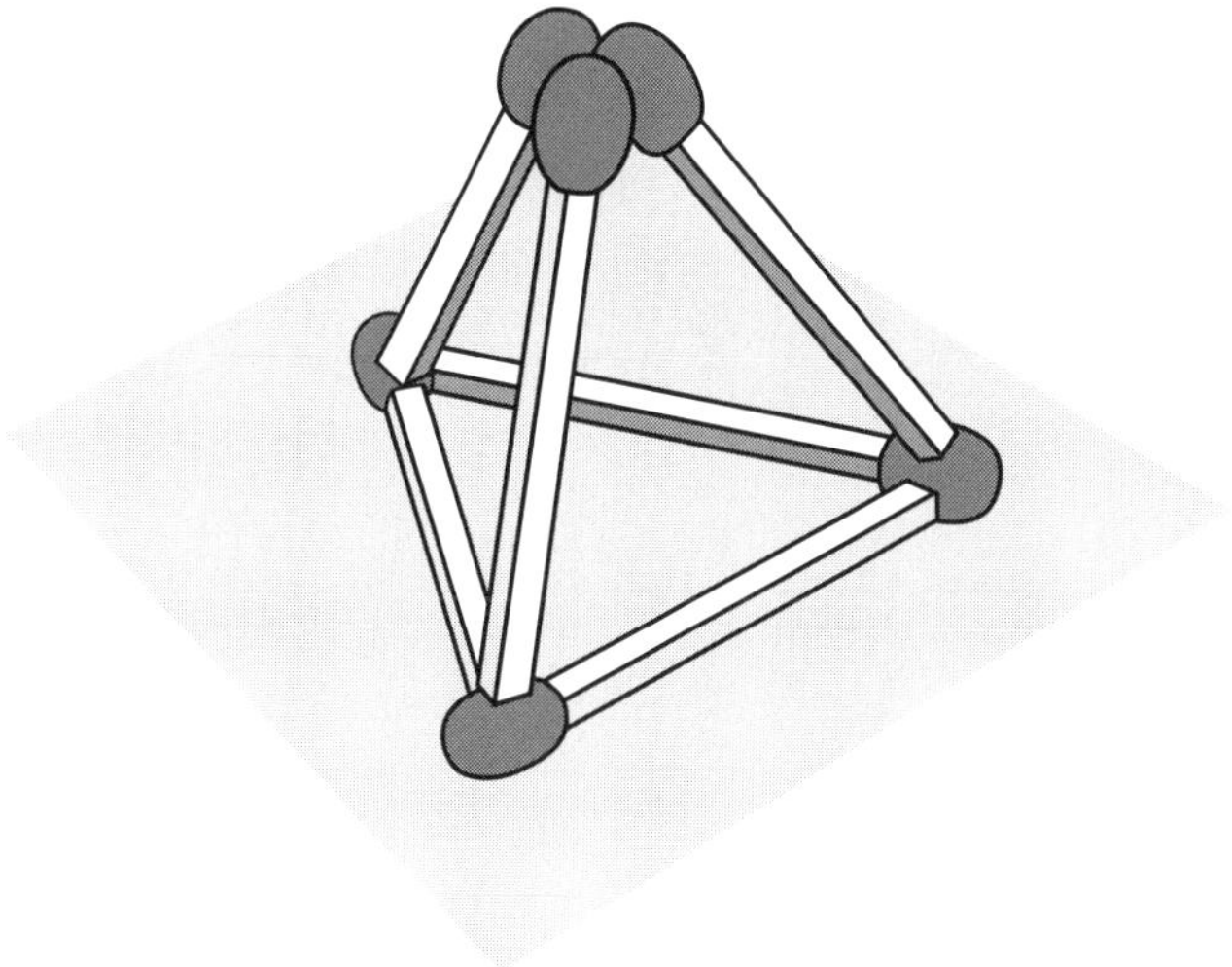

マッチのクイズの答え

**Q2** 三角測量を使えば、川幅を正確に割り出せる。まず対岸に木など、目印になるものを見つける。そしてそれと向かい合う位置の岸辺に立つ。目印をＡ地点、自分の立った場所をＢ地点とし、ＡＢ間の距離（つまり川幅）を計測することに決める。次に、ＡＢに対して垂直方向に、一定の歩数だけ歩く（ここでは20歩とする）。そこに、持っていた棒を立てて、Ｃ地点と定める。さらにそこから同じ方向に、同じ歩数（つまりここでは20歩）歩き、そこをＤ地点とする。そこで直角に右に曲がり、Ｃ地点の棒とＡ地点の木とが重なって見える地点まで歩く。そこをＥ地点とする。そうすると、ＤＥ間の距離とＡＢ間の距離とは等しくなる。なぜなら、以下に示したように、三角形ＡＢＣと三角形ＣＤＥとはまったく同一の形だからだ。

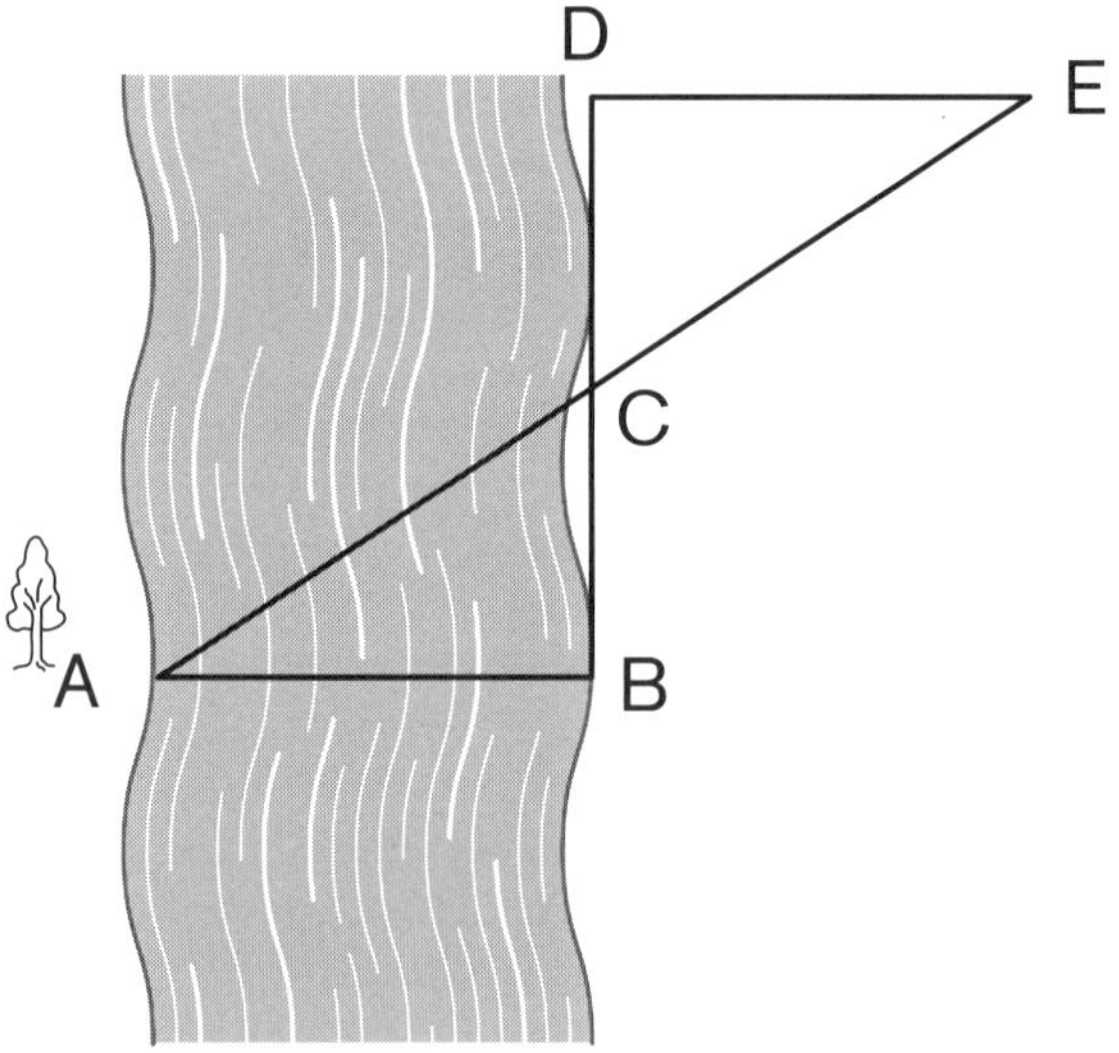


**川幅のクイズの答え**

**Q3** 部屋の平面図を描けば、ＡＦ間を結んだ直線が最短距離であることがわかる。ＡＢは12メートル、ＢＦは16メートル（4＋12）。これはつまりＡＢＦは３対４対５の直角三角形ということだ。そこからＡＦ間の距離は20メートルと計算できる。

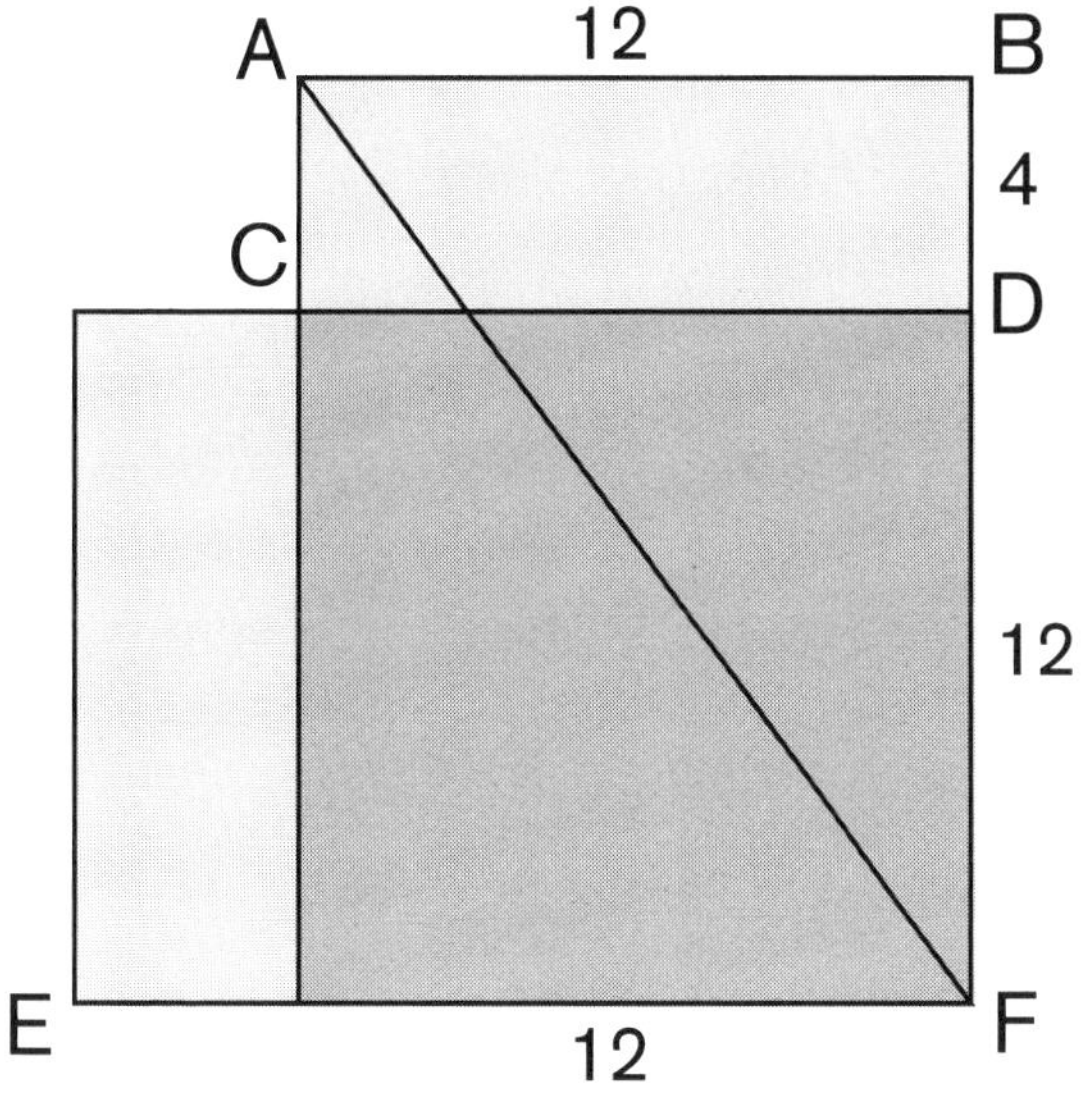


**クモのクイズの答え**

# 17 感情知能を伸ばす

Develop your emotional intelligence

知的な能力はとても高いけれど、人付き合いは苦手ということはめずらしくない。実際、知的な能力の高い人が出世できないのは、そこにひとつの原因がある。感情知能という概念が登場したのは、そのためだ。

感情知能とは、自分や他人や集団の感情を感じ取って、理解し、管理する能力と定義される。思考の達人も、仕事や私生活での成功のためには、感情と行動の相関関係を理解して、それを改善することがたいせつであることを知っている。

サロヴェイとメイヤーはこの定義をもとに、感情知能を「感情を読み取る」「感情を統御して思考に役立てる」「感情を理解する」「感情を制御して人格的に成長する」能力だと説明した。両博士のモデルでは、その能力は次の四つに分けられている。

## 1 感情の認知

感情を感じ取り、読み解く能力。自分自身の感情に気づく能力も含まれる。感情の認知があらゆる感情知能の基礎となる。感情の認知ができてはじめて、感情に関する情報の処理が可能になる。

### 2 感情の利用

思考や問題解決などのさまざまな知的活動に、感情を役立てられる能力。感情知能の高い者ほど、与えられた課題にうまく適応できるよう、気分の変化をじょうずに利用できる。

### 3 感情の理解

感情言語を解せるとともに、感情間の複雑な関係を把握できる能力。たとえば、感情の微妙な差異を感じ取る能力や、感情が時間とともにどう変化するかを認識し、言葉で説明する能力などがそこには含まれる。

### 4 感情の管理

自分や他者の感情を制御できる能力。感情知能の高い者は、ネガティブな感情でもうまく操って、目標達成のためにコントロールできる。

ダニエル・ゴールマンによる感情知能の理論では、以下の四つがリーダーシップの要の能力とされる。

**1 自己認識**——自分の感情を理解し、その影響を把握する能力。

**2 自己管理**——自分の感情や気分をコントロールする能力。

**3 社会認識**——他者の感情を読み取り、理解する能力。

**4 人間関係の管理**——対立に対処しながら、他者を励まし、動かし、成長させる能力。

## 自己認識

わたしたちは日々さまざまな感情を味わうが、それらは大別すれば、次の五つのうちのどれかに当てはまる。喜び、悲しみ、怒り、恥じらい、恐れの五つだ。たとえば、憂鬱さや、寂しさや、絶望や、落胆や、不満などは、悲しみに入る。罪悪感や、後悔や、無力感などは、恥じらいに入る。

# 17 感情知能を伸ばす
Develop your emotional intelligence

感情知能を高めるための第一歩は、自分の感情を認識して、それが振る舞いや行動にどう影響しているかを知ることだ。

誰の心にも感情は生じるが、自分が具体的にどういう気分にあり、それによってどういう影響を受けているかを認識するためには、ある程度、反省的に自分を見つめなくてはならない。場合によっては、感情が身体にあらわれて、はっきりとそれを目で捉えられることもある。たとえば、恥ずかしいときに顔が赤くなるような場合だ。

または、振る舞いに影響が出ることもある。たとえば、怒ったときに、攻撃的になる。落胆したときに、意欲を失い、何もする気がなくなる。恐怖を感じたときに、固まり、動けなくなる。どういう気分のせいでどういう行動や反応が生じているのかを、まずは知る必要がある。

感情そのものにはいいも悪いもない。どんな人間にも、いろいろな感情がある。たいせつなのは、感情がわたしたちにどういう影響を及ぼすか、わたしたちの態度や行動をどう変えるかを分析し、理解することだ。

感情知能の高い者は、自分や他者の感情を認識し、それを自分のために利用できる。

## 自己管理

ひとつの方法としては、まず近い過去に感じた気分をいくつか書き出し、次にそれぞれの気分からどういう振る舞いや反応が生まれたかをその横に書いてみるとよい。気分と行為の結びつきを見つける作業だ。やりたがらない人も多いが、見返りは大きい。

たとえば、批判されたとき、腹を立て、その結果、攻撃的になったということが思い出されたとしよう。そうすると気分と振る舞いの結びつきがわかるので、なぜ攻撃的になってしまったのかと反省できる。

またさらに重要なのは、それによって、将来の対策を講じられるということだ。会議で批判された場面――正当な批判もあれば、不当な批判もあるだろう――を想像し、さまざまな対応のしかたを考えてみることができる。激怒して、相手を罵倒してしまうというようなものまで含め、ありうる展開をいろいろと考えよう。そしてそのなかから最も建設的と思える対応を選び出し、頭のなかでその練習をしよう。

その後、実際にそういう場面に直面したら、まずはちょっと間を置く。そして気持ちを落ち着かせ、深呼吸をひとつしてから、練習しておいた対応を試みよう。怒りを前向きなエネルギーに変えるということもそこには含まれるかもしれない。

一流の運動選手は身体的な技能の練習だけでなく、イメージトレーニングも繰り返し行なっている。メジャー大会の決勝に進出したときに味わうと思われるあらゆる感情を、イメージトレーニングで感じようとする。そしてその対処のしかたを練習して、本番に備えるためだ。同じことは、わたしたちのふだんの生活でもできる。

自分を説得するということがここでは重要だ。どういう展開がありうるかを自分に説いて聞かせ、よりよい振る舞いや対応をするよう自分を導く。

たとえば、「次に批判されたときは、黙って耳を傾け、そのなかに肯定的、建設的な要素を見つけ出そう。相手の意見から学ぶことはできる。相手を攻撃しない。指摘してくれたことに感謝しよう」というように。

信頼の置ける人物、たとえばコーチや、メンターや、友人や、妻や夫などに、自分の感情や反応を話すのも、人によっては役に立つ。

自分がどう感じたか、そのせいでどう振る舞ったかを正直に、ありのままに話すことができれば、話す行為そのものがカタルシスをもたらしてくれる。自分のしたことや、今後どうするべきかをふたりで話し合ってみよう。

## （三）社会認識

社会認識とは、他者の感情を察知し、理解し、それに対応する能力のことだ。多くの人は自分の考えや気持ちにとらわれていて、他人を注意深く観察することができない。

ここで鍵となるのは、「聞く」ということだ。わたしたちはえてして人の話を聞きながら別のことをしている。たとえば、相手の話を聞きながら、頭のなかでは次に自分の言うことを考えているというように。

ほんとうに聞くためには、相手の言っていることに一心に耳を傾け、相手の話しぶりに注意を払わなくてはならない。

つまり関係のないことにはいっさい頭を働かせないということだ。話に百パーセントの注意を向けることは、相手を賞賛し、敬意を示す行為になる。それはきっと相手にも伝わり、感謝されるだろう。

相手をよく観察してみよう。胸のうちで「この人はいま、どのように感じているだろう？」とつぶやいてみるとよい。相手の心の内を表わすとても微妙な、ほとんど感知できないほどのシグナルを読み取る能力が、人間には備わっている。その能力を磨こう。

ポーカーの名プレーヤーは驚くほどささいな手がかりから、対戦相手の内面を読み取れる。わたしたちも、いくらかでもそういう能力を身に付けよう。

そのためには、相手の言葉だけでなく、しぐさや、ボディーランゲージや、声の調子にも注意することだ。もし気がかりなことがあったら、「それについてどう思う?」とか「どう感じた?」のように率直に尋ねよう。精神科医のようにくどくどと質問するより、疑問を晴らすための単純な質問をするほうがよい。

相手の気持ちがわかれば、目的に応じて、対処のしかたを考えられる。建設的な対処も可能だし、策略的な対処も可能だ。

たとえば、相手が傷つき、意気消沈している部下なら、共感や同情を示してから、建設的な意見を述べるという対処が考えられる。討論をしていて、相手が笑われたことにむっとしたようなら、さらに神経を逆撫でするようなことを言って、議論をこちらのペースに持ち込むという対処のしかたがある。

人間は理屈とか、理性とか、合理的な思考で動くわけではない。感情で動くのが、人間だ。相手の感情を理解できれば、互いの関係をもっとうまく、互いのためになるように、コントロールできる。

## 〈〈〈人間関係の管理

人と人とが交わる領域でも、感情知能は役に立つ。たとえば、妻や夫との関係をよくしたり、仕事でのチームワークを高めたりすることができる。

夫婦などの一対一の人間関係に関しては、まずはふたりがどういう議論をしているのかに着目するとよい。どんな夫婦にも意見の対立はあり、議論は付きものだ。それは必ずしも悪いことではない。

なぜ議論になったのか、どんな感情がその議論の背後にあるのかを考えてみよう。感情的な主張は、議論を実りのあるものにしない。互いがなぜそういう感情を抱いているのか、その感情によって、どういう結果がもたらされるのかを分析しよう。互いの感情について——話し合っている問題とは別に——率直に話し合えれば、状況は改善に向かうだろう。

チームにも同じように、個人の感情だけでなく、集団の感情がある。スポーツでは自信満々のチームから、意気の盛んなチームや、怒っているチームや、あがっているチームや、しょげているチームや、あきらめているチームまで、あらゆるタイプのチームを目にできる。スポーツのチームは感情をはっきりと表に出すことが多い。会社のチームにも、いろいろな感情があるはずだが、それはなかなか表にあらわれない。

優秀なリーダーはチーム内の兆候を読み取って、それとなく質問し、チームがどう感じているかを把握する。そしてチームの抱える感情的な問題にも、仕事上の問題と同じように配慮して、指揮に当たる。

# 18 会話の達人になろう

Be a brilliant conversationalist

社交の場には、たいてい何人か、みんなから避けられている人間がいる。それは退屈な話ばかりをする人間だ。そういう者が近づいてくると、わたしたちは内心でうめき声をあげる。

また、つまらない話に長々と付き合わされるのか、と。

一方では、会話の達人として知られる者もいる。どんな会話も盛り上げることができ、どんな場面でもいっしょにいて楽しい人物だ。

さて、あなたはみんなから、どちらに分類されているだろうか？

会話の能力をどのように磨けば、どんなパーティーやイベントでも、いつもまわりに人が集まってくるようになるのか？　思考の達人になるだけでなく、会話の達人にもなるには、どうしたらいいのか？

以下にいくつかそのこつを紹介しよう。

## 質問をする

たいがいの人は相手の話を聞くより、自分の話をしたがっている。だから、質問は会話を始めたり、盛り上げたりするうえで、たいへん役に立つ。

初対面の人と話をするときは、相手の職業や住んでいる場所など、当たり障りのない簡単な質問から始めるとよい。

ある程度知っている相手なら、趣味についても聞いたことがあるだろうから、そのあたりの質問から始めよう。

付き合いが深まれば、もっと突っ込んだ、ほんとうに聞いてみたい質問ができる。たとえば、「いままでいちばん苦しかったことは何か?」とか「いまのいちばんの目標は何か?」などのように。

集団の会話でも、基本的にはこれと同じようにすればよい。いきなり意見を言ったり、経験を語ったりせず、まずは質問をしよう。質問をすることで、みんなの注意を引ける。

「わずかの知性があれば、人について話せ、ふつうの知性があれば、出来事について話せ、すぐれた知性があれば、観念について話せる」と言われる。

まずは世間話のような気楽な話から始めよう。そして頃合いを見計らって、懸案事項やアイデアに関する質問をするとよい。アイデアの引き出しかたについては、のちほど取り上げる。会話でまっ先にしなくてはならないのは、相手がどういう人間であるかを見きわめることだ。そこで次のルールを守ることが重要になる。

## 聞く

会話のじょうずな者は、聞くことに長《た》けている。相手がひとりでも集団でも、じっと相手の話に耳を傾ける。聞くのがうまければ、相手に好かれる。

誰だってつまらなそうに、心ここにあらずという顔で聞く者よりは、熱心に聞く者に話をしたいと思う。また聞けば、学べる。

話しているあいだは、新しいことを学べない。人と話をするときは、意識的に相手の話に集中しよう。話を助けたり、促したりする質問をして、話に興味を持っていることを示そう。たとえば、「もっと詳しく聞かせてもらえますか?」や「そのあと、どうなりました?」や「どんなふうに思いました?」というように。

集団のときは、メンバーみんなの反応を観察しよう。興味深そうに聞いているか、それとも話題を変えたがっているか? そろそろ世間話をやめて、まじめな話に切り替えるべきか？　冗談を言って、雰囲気を和らげるべきか？

相手の話に耳を澄まし、そのようすを観察することで、タイミングよく言葉を挟んで、会話を盛り上げたり、別の話題に移るよう会話を導いたりできる。

## 褒める

本心から褒められることがあるときは、迷わず、それを口にしよう。相手がすてきな服を着たり、スリムになったり、髪型を変えたりしていたら、それを褒めて、自分がそれに気づいたことを示そう。

たとえば、「その色、とてもよく似合っているよ」とか、「きょうは見ちがえるようだね」とかのように言えるだろう。

誰かが何かを成し遂げたという話を聞いたら、お祝いの言葉をかけよう。それは仕事のことでもいいし、子どものことでもいい。

催しに出席したときは、一般的な礼儀やマナーとして必ず、ホスト役に感謝や賞賛の気持ちを伝えよう。催しのすばらしさを褒め、自分がいかに楽しんでいるかを述べよう。気に入った部分を具体的にひとつ選んで、そのみごとさをたたえ、自分の受けた感銘の深さを表わそう。

## 最新の情報を仕入れておく

会話のためには、時事問題のほか、主なニュースや娯楽やスポーツや政治の話題に通じていることがたいせつだ。みんなが関心を寄せている話題については、いつでも質問や、洞察や、事実や、意見を述べられるようにしておこう。

そのためには最新の映画を何本か観るとか、ベストセラーの小説やノンフィクションを数冊読むとか、新聞に目を通すとか、ニュース番組を見るとか、大きなスポーツイベントの結果をチェックするとかの努力が必要だ。

テレビもある程度は、見たほうがよい。中毒のようにすべての連続ドラマを毎回欠かさず見る必要はないが、好きなテレビ番組を尋ねられたとき、硬軟の番組をいくつかあげて、その理由を語れるぐらいには見ておきたい。

まじめな話題のときは、常識的な見かたに異を唱え、いくらか大胆な意見を述べよう。本気ではそう思っていなくても、あえて挑戦的なことを言ってみよう。そのほうが、言われたことにすなおに同意するより、会話を盛り上げられる。

たとえば、みんなが首相をこき下ろしていたら、首相の長所や業績をあげて、擁護に回ろう。口論を招きそうな見解を述べるときは、「もし〜のように主張する人がいたら、どう応じますか？」のように言って、見解との距離を取るとよい。

意見を述べるときは、堂々と言う、根拠を示す、そしてできればユーモアを交えることが必要だ。ただし社交の場では、やけにくってかかってくる奴だとか、意地の悪い見かたをする人間だとか思われないよう注意したい。

基本的には、デリケートな話題や、もめそうな話題は避けたほうが無難だ。とくに相手の個人的な感情を傷つける恐れがある場合には、そういう話題は避けよう。

## ユーモアを交える

まじめなことを話し合う場もあれば、気軽なおしゃべりをする場もあるので、どちらにも対応できるようにしたい。気のきいたコメントというのは、ふつう、瞬間的な思いつきや機転で生まれ、予測のできないものだ。だから気のきいたコメントを述べる能力を磨くというのは、なかなかむずかしい。

しかし、いくつかできることもある。たとえば、気のきいたことを言う人物をじっくり眺めて、どのようにそれを言っているかを観察する。思いきって、自分なりに気のきいたと思えるコメントを口にして、どういう反応が返ってくるか、試してみる。

おもしろい話を仕込んでおく。むりやりその話を持ち出すべきではないが、ここぞと思えるときや、会話が途切れたときにすぐに披露できるよう、準備しておこう。自分のめずらしい体験や失敗談は、たいていはよく受ける。自分を笑いのねたにした話を蓄え、その話のしかたを練習しておこう。

ジョークや、引用や、ほかの人の名言も、ほどほどにならば、許可を得たうえで使っていい。しかし、いろいろな人がいる場では、猥談や差別的な話は控えたほうがよい。

ほかの人の笑い話には、思いきり笑ってあげよう。たとえ以前に聞いた話であっても、笑ってあげよう。もちろん、まちがっても、先に落ちをばらしてはいけない。

## 〰 はきはきと話す

言うべきことがあるときは、はきはきと、熱意を込めて話そう。

ともするとわたしたちはもごもごとしゃべったり、早口になったり、聞き取るのに苦労するほど小さな声で話したりしがちだ。話のじょうずな人ははっきりとした発音で、わかりやすく話をする。

話のなかにおもしろい比喩や視覚的なイメージも交える。一文は短くし、話の的を絞ろう。

自分ばかりしゃべってもいけない。ひとつのことを話し終えたら、ほかの人に発言を譲ろう。もし誰も口を開かないようなら、質問をして、話を引き出そう。

## 会話を楽しむ

自分らしく、自然体で話そう。

無理をしてかっこつけようとするのはよくない。前向きな態度で臨み、これからすばらしいひとときを過ごせる、ゆかいな人たちと出会えると考えよう。肩の力を抜き、にこやかな表情を浮かべ、会話を楽しもう。

誰でも、気むずかしくて、むっつりとしている者よりは、明るくて、感じのいい者といっしょにいたいと思うものだ。お酒の付き合いもたいせつだ。ただし飲みすぎて羽目をはずし、せっかくの努力を水の泡にしないように。

# 19 議論に勝つ

Win arguments

## すべきこと、すべきでないこと、狡猾な戦術

すぐれたアイデアを持っていても、説得すべき人物を説得できなかったら、宝の持ち腐れに終わる。一流の論客はどんなときも理性を保つとともに、さまざまなテクニックを駆使して、議論に勝とうとする。

以下にいくつか、議論に勝つためにすべきことと、すべきでないことと、覚えておくべき狡猾《こうかつ》な戦術を紹介しよう。

## すべきこと

### □冷静になる

どんなに熱い思いがあっても、平常心を保ち、感情を制御しよう。かっとなったら、

負けだ。挑発されても、感情的に言い返してはいけない。落ち着いて、にこやかな表情を浮かべ、質問をしたり、事実を指摘したりすることで、相手の言いぶんに反論しよう。

## □裏付けとなる事実を示す

事実には反駁しにくいので、議論の前に、あらかじめ関係のあるデータを集めておくとよい。調査や、統計や、関係者の証言や、結果などは、主張の強力な支えとなる。事実を突きつけることで、相手を劣勢に追い込めれば、入念な下調べや準備のかいがあったと言える。

## □質問をする

正しい質問ができれば、議論の主導権を握り、敵を慌てさせられる。たとえば、主張の根拠を問いただす。「何を証拠に、そう主張するのですか?」または仮定のことを問うことでも、相手を困らせられる。「もし国民全員がそれをしたら、どうなるでしょう?」やんわりと相手を挑発する質問も有効だ。「このことでそれほど腹を立てるとは、何か理由があるんですか?」相手の問いに問いで応じる手もある。たとえば、「なぜほかにもっとおもしろいことがあるのに、人々はテレビばかり見るのか?」

と問われたら、直接答えず、「あなたはどういうテレビ番組を見ますか？」と脇道にそれた質問をする。相手がその問いに答えるあいだに議論を組み立てたり、議論にその答えを取り入れたりできる。

## □論理を使う

ある考えからある考えがどのように導き出されるかを示そう。そうすれば合理的な思考にもとづいた結論であることを相手に納得させる。論理的に主張を展開しよう。逆に、敵の主張に対しては、論理的な矛盾を突いて、反論する。たとえば、肥満が増えたのは、テレビの見すぎのせいだと相手が述べたら、その因果関係を証明してみせるよう求めよう。何かを端《はな》から決めつけている意見に対しては、それがほんとうに正しいのかどうか、問いただすとよい。相手が因果関係を持ち出したら、それが妥当かどうか、主張の根拠となりうるかどうか、追及しよう。

## □高次の価値観に訴える

否定しにくい価値観に訴えれば、論理と同時に、感情も利用できる。たとえば「子どもたちのためによりよい安全な社会を築くべきではないか？」などの主張は、誰しも反論しにくい。場合によっては、相手の動機を平凡で、打算的で、自己中心的なもの、自分の動機をもっと道徳的で、賞賛すべきものとして、対比的に描き出すというやりかたもある。

## □注意深く聞く

自分が次に何を言うかで頭がいっぱいで、相手の話をちゃんと聞いていない人は多い。注意深く聞くことはとてもたいせつだ。それによって相手の主張の弱点や欠点を見いだせるし、ときには新しい有益な情報も得られる。相手の話を一字一句漏らさず聞いていれば、その発言をそっくりそのまま、アクセントを置くところだけを変えて、繰り返すという手が使える。これは相手の主張に疑問を呈する方法として、かなり効果がある。

## □たとえを使う

たとえを使うとわかりやすくなり、説得力も高まる。類似した事柄を持ち出して、そこから自分が言いたい教訓を引き出そう。たとえば、「わたしたちのチーム力を高めることは、子どものサッカーチームを強くすることに似ている。どちらにもコミュニケーションや、支援や、訓練が欠かせない。ということは、わたしたちにも、コーチや、定期的な訓練が必要ではないか」というように。逆に相手がたとえを使ったときは、たとえの不正確なところを見つけて、それを指摘したり、もっと正確なたとえを示したりするとよい。

## □いい指摘はすなおに認める

なんでも反論すればいいというものではない。もし相手が妥当な指摘をしたら、それは認め、そのうえでそれに勝る別の指摘をしよう。そうすることで自分の公平さを印象づけられる。「刑務所が犯罪者を更生していないということは、わたしも認めます。一般的にはそのとおりでしょう。ですが、それでも犯罪の抑止や処罰には役立っています」

## □相手を知る

相手の強さや、弱点や、信念や、価値観を知ろう。そうすれば、相手のより高次の価値観に訴えられる。また相手の弱い部分に話を戻すことで、議論を有利に展開できる。

## □両者が勝者となれる道を探る

心を開いて、互いの言いぶんの妥協点を見つけよう。ボクシングでは両者が勝つことは不可能だが、議論では、両者が勝つことも可能だ。

## 〈〈〈すべきでないこと

### □個人的なことを言う

相手の私生活や、モラルや、人格を直接攻撃することは避けよう。攻撃の対象は、意見であって、個人ではない。もし相手からそういう攻撃を受けたら、一段高いところから、切り返せばよい。たとえば、「そんな個人攻撃をされるとは、意外です。罵《ののし》り合うより、問題について話し合うことに専念しませんか」というように。

### □脇道にそれる

相手が問題をはぐらかすために、関係のない別の話題を持ち出してくることがある。それに乗ってはいけない。「それはいまは関係ありませんから、のちほど話し合いませんか。まずは、この中心の問題に取り組みましょう」

### □力のある意見を力のない意見で弱める

力のある意見を三つ、力のない意見を二つ持っていたとしたら、ふつうは力のある意見だけを述べたほうがよい。説得力のある意見を言って、相手を同意させよう。もし力のない意見まで述べて、反論された場合、主張全体の説得力が損なわれてしまう。

## 議論に勝つために使われることがある狡猾な戦術

### □効果的なひと言を使う

自信たっぷりに、簡潔な常套句を差し挟むことで、相手の気勢をそげることがある。以下にいくつかいい常套句を紹介しよう。

「循環論法になっていませんか」

「それとこれとは話が別です」

「そうむきにならないでください」

「りんごとオレンジは比較できません」

「それは特殊な例では？」

### □相手をあざけり、笑いものにする

これは議会やテレビの討論でよく目にするので、まねしたくなりがちだが、仕事の相手や友人との議論では、お薦めできない戦術だ。長期的には悪影響をもたらしうる。聴衆のいる公開討論などでは効果があるが、議論そのものにはこれでは勝てない。

### □故意に相手を怒らせる

相手がどういうことに腹を立てるかを見抜いて、うまくそこへ話を誘導し、相手に平常心を失わせる、ひいては議論を投げ出させるという戦法だ。相手が感情的になったり、激高したりするポイントがわかっていれば、それを利用できる。相手にもそれはできるので、こちらが冷静さを失ったり、短気を起こしたりすれば、そこをつけ込まれるだろう。

### □話をそらす

話題を変えることで、議論をはぐらかすという手もある。たとえば、鋭い指摘を受けたときは、「まったくそのとおりですが、〜についてはどうですか?」のように言って、話をそらすことができる。ただし議論に慣れた者には通用しない手だ。いった

ん話がそれても、すぐに話を元に戻すだろう。

### □相手の意見を誇張する

相手の意図していないところまで意見を拡大させ、いかにその意見が理にかなわず、ばかげているかを示す。もし相手にこれをされたときは、落ち着いて、そういうことを言ったわけではないと切り返そう。

### □断固として否定する

相手のどの意見についても、きっぱりと誤りだと述べるとともに、そのなかから意見をひとつか、ふたつ選んで、それらを完璧に打ち破ることで自分の主張の正しさを証明する。そしてそれによって自分の勝利を宣言する。これを行なうためには、平常心を保つことや、質問をすることや、事実や論理を使うことや、より高次の価値観に訴えることが必要になる。つまり上述の「するべきこと」と、議論をそらさせないことが必要ということだ。

### □ふたりきりでの議論と、聴衆の前での討論とではまったくちがう

これも覚えておこう。ふたりきりでの議論では、相手を納得させることが目標とな

る。だから相手とのあいだに意見の一致を見いだす方法を考えよう。自分の主張を押し通すために、攻撃的になってはならない。聴衆の前での討論では、自分の立場を強め、相手の立場を弱めるためのありとあらゆる演劇的、修辞的な手法が使われる。そこではユーモアがものを言う。前もって、気のきいたせりふをいくつか仕入れておこう。

**あなたの議論力をチェックしよう**

□1 まじめな議題について徹底的に話し合ったり、討論したりすることが好きだ。
□2 いつも相手の話には注意深く耳を傾ける。
□3 議論の相手に対し、我を忘れるほど激高することはない。
□4 議論が起こりそうな問題があるときは、前もってそのことについて調べておく。
□5 相手を観察し、性格上の強さや弱さを見抜くようにしている。

□6　相手の感情やモラルに訴えることができる。
□7　論理的な主張ができる。
□8　白熱した議論でも、冷静さを保ち、自分をコントロールできる。
□9　相手の意見を理解しようとし、ときには自分の考えも変えられる。
□10　相手に勝つより、相手と合意できるほうがうれしい。

これらのうち七項目以上に「はい」と答えられたら、優秀だ。

# 20 じっくり考える
Ponder

わたしたちの生きる世界は、とてもせわしない。四方八方から情報が飛び込んでくる。常に即断即決を求めるようなプレッシャーがある。

しかし思考の達人は慌てず、じっくり、静かに考える。スピードアップのためにはスローダウンが必要なこともある。

ゴルフでは、スイングを急ぐのがアマチュアに共通する欠点だ。アマチュアはどうしても焦って、ボールを打とうとする。いいショットを打つためにはゆったりスイングすることだと、ゴルフのコーチはよくアドバイスしている。同じアドバイスは思考にも当てはまる。では、以下にスローダウンの方法をいくつか紹介しよう。

## すべての情報を聞く

問題を全部聞き終える前に、答えを言いたくなる人は多い。いきなり結論を出そうとしたり、都合のいい答えに飛びついたりしてしまう。もっと時間をかけて、慎重にすべての情報を聞き、問題を深く理解してから、いろいろなアイデアを出そうとしたほうがよい。

相手が説明を終えるまでは、質問をしながら、話を注意深く聞き、そのうえで自分の考えを述べよう。質問は自分にとっても、相手にとっても、問題の理解に役立つ。ひいてはそれがより多くのよりよい解決策につながる。

相手の答えをただ聞くだけでは足りない。明確化の質問をしよう。たとえば「それはどういう意味ですか?」「なぜ、そうなんでしょう?」「どうして、そうなったんでしょう?」などのように。

詰問《きつもん》口調にならないよう気をつけながら、質問を繰り返すことで、アガサ・クリスティーの小説に登場する名探偵ミス・マープルのように、問題の核心に迫れる。質問をするたび、宝のありかに少しずつ近づける。仮説なり解決策なりを述べる前に、まずはいくつも質問してみよう。

## 〈〈〈 生活をスローダウンさせる

まわりが慌ただしい生活を送っているからといって、自分がそうする必要はない。毎日、もの思いにふける時間を作ろう。

昼休みや夕方に長めの散歩をしながら、あれこれとものを考えるとよい。頭のなかを整理したり、人生の大きな問題について考えをめぐらせたりしよう。

大きな問題と向き合うときは、想像力の赴くままに、新しいアイデアを思い浮かべてみるとよい。頭のなかにある古い考えはどんどんくつがえそう。

忙しい日でも、考える時間は作れる。たとえば、通勤の車中で自分にとってたいせつな問題について考え、録音機にアイデアを吹き込んでもいい。

毎日、いち日のはじまりに五分ほどの時間を割くことは、優先順位を確かめ、段取りを決めるうえでたいへん役に立つ。

同じように夜寝る前に、その日の主な出来事を振り返るのもよい。どうすればもっとよくできたかを考えたり、翌日にどういう重要な出来事が起こりうるかを考えたりしてみよう。鋭い洞察やすぐれたアイデアはそういうときに生まれることが多い。

## 優先順位を付ける

することに優先順位を付け、いちばん重要なことにいちばん力を入れよう。わたしたちはともすると重要なことより、緊急のことに気を取られがちだ。そのせいで小さなことのために、大きなことを後回しにしてしまう。小さな問題は切り捨てるか、ほかの誰かに任せるか、さっさと片付けるかして、重要な問題に時間をかけられるようにしよう。これについては、27章「優先順位を決め、的を絞る」で詳しく取り上げる。

## 整理する

ごちゃごちゃした要らないものは机の上からも、部屋からも、頭のなかからも、生活からも取り除こう。まずは机のまわりの整理から。机の上に置かれている書類はすべて、棚にしまうか、捨てるかして、片付けよう。

ためらってはいけない。書類ケースのなかもチェックして、もう使わないものや、必要のないものは処分する。

次は、手帳を見てみよう。過去一カ月の会議やアポイントメントで、ほんとうに意味のあったものはどれだけあるだろうか？

価値のない予定は削除できるのではないか？　興味がないのに義務感だけで出席しているクラブや会合などはないだろうか？

生活のなかにゆとりを作り、いち日のなかに空いた時間を作るようにしよう。毎日、三十分、静かに考えるための時間を持てれば、熟慮力を高められる。そうすれば、あなたにとってほんとうに重要な問題について考えられる。ものごとの優先順位も見えてくるはずだ。

## 場合によっては決断を先延ばしにする

ぐずぐずして決断のできない者はどこにでもいる。そういう者には、いらいらさせられる。決断力は一流のリーダーに欠かせない資質のひとつだ。決断できない人間に、部下を率いることはできない。だから決断を先延ばしにするというのは、おかしなアドバイスに聞こえるだろう。

わたしもここで、優柔不断になれとか、先延ばしを原則にしろとか説くつもりはない。ただ覚えておきたいのは、急いで決断を下すことがいつも最善とはかぎらないということだ。場合によっては、時間をかけて、じっくり考えたほうがよい。

小さな問題なら、さっさと決断してしまうべきだが、大きな問題については、多くの場合、「まだよくわからない」と認めたほうがいい。

もっと情報を集めたり、人から話を聞いたり、結果を考えたり、分析ツールを使ったりして、理解を深めたほうがよい。

ある程度の時間をかけることは、よりよい判断を下すためにも、早合点による致命的な判断ミスを避けるためにも、役に立つ。問題が大きいほど、判断の速さより、判断の正確さを重視するべきだ。

## 寝かせる

数多くの思考の達人たちによって証明されているとおり、問題を寝かすことには大きな効果がある。以下がそのプロセスだ。

□ある程度まで詳しく、問題を理解する。
□解決策を見つける必要性は認識するが、すぐにはそれを見つけようとしない。
□いったんその問題を忘れ、まったく別のことをする。たとえば、スポーツをする、散歩に出る、美術館に行くなど。
□その後、あらためて問題に取り組んで、いいアイデアがないかどうか考えてみる。

潜在意識には驚くべき力がある。それはまるでメインプロセッサーの充電中に稼働しているパワフルな見えないコンピュータのようだ。だから、見えないコンピュータに問題を預け、二十四時間以内に答えを出してほしいと頼めばいい。きっとあなたが思っているよりもはるかに高い割合で、すばらしいアイデアがもたらされるだろう。

## 瞑想する

瞑想とは、日常的な思考を離れて、深い安らぎを得たり、意識を研ぎ澄ましたりしようとする営みだ。それは一点に意識を集中するという行為を意味することもある。五千年以上の歴史があり、主な宗教にはたいてい取り入れられている。

瞑想には、雑念を追い払って、頭をすっきりさせられるという効果がある。簡単な呼吸法でそれはできる。まずは静かな場所を選び、楽な姿勢で座ろう。あぐらを組むのが伝統的なスタイルだが、楽な姿勢であれば、どんな座りかたでもかまわない。目を閉じて、呼吸に意識を集中しよう。息を吐き出しながら、ゆっくり四まで数え、息を吸いながら、やはりゆっくり四まで数える。ゆったりとした呼吸のリズムのこと以外は、いっさい考えない。ほかの思念が入り込んできたら、呼吸に意識を向けることで、それを追い出そう。

やがて深いリラクゼーションと内的な平安が感じられるだろう。可能なら、その状態を保とう。穏やかさや、のびのびとした気持ちや、静けさを味わえるはずだ。せわしない世界からしばし離れることで、心が軽くなるだろう。

## 熟慮の時間を取る

いち日の予定を組むときは、静かにじっくりとものごとを考える時間も、そこに入れておこう。わたしたちは慌ただしい生活に慣れているので、なかなか慣習に逆らって、熟慮のために静かなひとときを過ごせない。

価値観にもとづいたリーダーシップの提唱者として知られるジョン・フロストは、次のような熟慮の方法を薦めている。それは時間を割いて、以下の四つの問いを考えるという方法だ。

**1** 何が起こったか、またその原因は何か？

**2** そのときに自分はどう思い、どう感じたか？

**3** この経験から何を学んだか？

## 4 それを学んだことで自分（行動や態度など）はどう変わるか？

思考の達人は考えるために時間を割くことを習慣とする。せわしない生活を送っていると、同じまちがいを繰り返したり、重要性の低いことに時間を奪われたりしやすい。立ち止まって、あえてゆっくり考えてみよう。そうすることでそれまで見えなかった重要なことが見えてくる。そして優先順位のいちばん高いことに照準を合わせ直せられるのだ。

# 21 記憶力を最大限に高める

Maximize your memory

次の単語のリストを右の列から順にゆっくり、読んでみてほしい。または誰かに読み上げてもらってもいい。どの語も読み飛ばしてはならないが、暗記しようとする必要はない。

| | | |
|---|---|---|
| 皿 | 玄関マット | テーブル |
| 椅子 | 洗濯ばさみ | 箱 |
| 貝殻 | チーズ | トマト |
| スプーン | 電気コード | 書類ばさみ |
| 領収書 | 双眼鏡 | パーカー |
| 瓶 | 屋根瓦 | やかん |
| コショウ | 貝殻 | ラジオ |
| 天文学 | ソファー | 腕時計 |
| 扉 | コップ | 絵 |
| 貝殻 | 地図 | 救急車 |

全部で三十語ある。では、いったん本を閉じて、それらの単語を思い出せるだけ、紙に書いてみよう。

ほとんどの人は、十語から十五語ぐらい思い出せる。それ以上覚えていたら、すばらしい記憶力だ。では、どういう単語を覚えていただろうか。おそらくあなたが覚えていた単語は、次の分類のどれかに当てはまるにちがいない。

**◇リストの最初か最後**

最初のほうの単語は短期記憶のまっさらな部分に収められるので、それら――「皿」「玄関マット」「テーブル」――はそのままそこに留まりやすい。また最後のほうの単語――「貝殻」「地図」「救急車」――は、記憶が新しいぶんだけ、思い出しやすい。

**◇繰り返し**

「貝殻」は三回登場する。たいていの人はそれに気づき、その単語も思い出せる。

**◇異質**

リストの大部分は日用品の類だ。「双眼鏡」と「天文学」と「救急車」はその分類からはみ出るので、記憶に残りやすい。

## ◇対になる語

「テーブル」と「椅子」、「チーズ」と「トマト」、「ラジオ」と「天文学」などは、対になる語として、記憶に残るかもしれない。

これは逆に言うと、リストの中間にある平凡なものは覚えていない可能性が高いということだ。「電気コード」「書類ばさみ」「屋根瓦」「ソファー」「コップ」を思い出せたかたはいるだろうか？

記憶力を高めるためには、これらの原理を使うといい。いちばんわかりやすいのは、繰り返し読んだり、言ったりすれば、記憶を強められるということだ。みなさんも学生時代にこのテクニックを使った覚えがきっとあるだろう。

わたしたちは反復によって、重要なものごとを覚え込むことができる。もうひとつの方法はそれほど知られてはいないが、効果は劣らない。重要度の最も高いものをリストのいちばん最初に置くという方法だ。たとえば、買い物リストでは、絶対に買い忘れてはならないものから覚えていくとよい。

極端に異質なものにすることでも、記憶を強められる。たとえば、夜寝る前に、翌朝しなくてはならないこととして、次の三つが思い浮かんだとしよう。

**手紙を出す、母親に電話をかける、ごみを出す。**

それらを忘れないためには、それぞれのイメージを誇張してみるといい。

とてつもなく大きな手紙を両手で抱えながら、よろよろと郵便ポストまで歩いて行く自分の姿を思い描こう。家に帰ってくると、台所が床から天井までごみで埋めつくされている。ごみを捨て終わったとたん、紫色の巨大な電話がけたたましく鳴りはじめる。街全体に響きわたるほどの轟音《ごうおん》だ。受話器を取ると、それは母からの電話だった。

これらの一連のイメージを思い描いてから、眠りに就けば、きっと翌朝、それらのイメージとともに三つのたいせつな用事を思い出せるだろう。

最後のひとつ、覚えることを対にするというのも、役に立つ。この原理を使った記憶術に、これから紹介する「記憶の釘付け法」がある。ありきたりのものを、へんてこなものと結びつけると、へんてこなものの記憶によって、ありきたりのものを思い出すことができる。

## 記憶の釘付け法

このテクニックは番号の付いたリスト——どんなリストにも、番号は付けられる——を覚えるときに、とくに役に立つ。この方法では、覚えたい項目とその番号の視覚的なシンボルとが、「釘付け」にされる。

ひとつの方法としては、各数字の形状にもとづいて、それぞれの数字に視覚的なシンボルを割り当てるというやりかたがある。以下のような具合だ。

1＝ペン
2＝白鳥
3＝乳房
4＝帆掛け船
5＝釣り針
6＝ゴルフクラブ
7＝崖
8＝砂時計
9＝喫煙用のパイプ

10＝バットとボール

では、この章の冒頭で使ったリストの最初の十項目に、これらの数字を割り振ってみよう。

1＝皿
2＝玄関マット
3＝テーブル
4＝椅子
5＝洗濯ばさみ
6＝箱
7＝貝殻
8＝チーズ
9＝トマト
10＝スプーン

そうしたら次に、数字の視覚的シンボルと各事物との突飛な結びつきを考えよう。たとえば、次のように。

□わたしは白い大皿に、美しいペンで文字を書いている。

□一羽の大きな白鳥が玄関マットを背負って、泳いでくる。わたしはそのマットで靴を拭く。

□わたしの目の前にとても大柄な女性がいて、テーブルの上に豊かな乳房をのせている。

□帆掛け船が見える。そのデッキでは船長がロッキングチェアに座っている。

□釣り糸を引き上げると、釣り針の先に大きな洗濯ばさみが付いている。

□大きな箱が届く。開けてみると、なかにはゴルフクラブ（6番アイアン）が入っている。

□巨大な貝殻を崖から落とす。巨大な貝殻は岩にぶつかって砕け散る。

□わたしの砂時計は使い物にならない。なぜなら、なかにチーズが詰まっているから。

□パイプを吹かすと、煙ではなく、小さなトマトがぽんぽんと出てくる。

□バットの代わりにスプーンを持って、わたしはクリケットの打席に立っている。

これによって簡単に、最初の十個を順番どおりに思い出せるようになる。しかも、何番が何かも、はっきりと言える。たとえば、七番は何だったかと問われたら、崖を思い浮かべれば、すぐに巨大な貝殻を思い出せる。

思い浮かべるイメージはへんてこなほどよい。そのほうが記憶に残りやすい。

では、覚えるものが二十一個より多いときはどうしたらいいか？　それにはいくつもの方法がある。

たとえば、色分けをするというのもひとつの手だ。最初の二十個がすべて白黒だったとしたら、次の二十個は赤で描き、さらにその次の二十個は青で描くというように、色を変えていけばよい。

## 空想旅行

空想旅行は一連の項目を覚えるための効果的でポピュラーな記憶術だ。頭のなかで、慣れ親しんでいるルート――自宅のなかでもいいし、道路でもいい――をたどり、その途上にある事物に、覚えたいことを割り当てていく。

たとえば、娘の結婚式でスピーチをすることになり、話の要点を順序立てて覚えておきたいとしよう。はじめに話すのは以下の六項目だとする。

□ 産声をあげたときの話。
□ 学校でのおもしろいエピソード。
□ 家族キャンプの想い出。
□ 娘のはじめてのデート。
□ 将来夫となる男性との大学での出会い。
□ 夫と家事に関するジョーク。

たどるルートは次のとおり。

1 寝室
2 浴室
3 階段
4 台所
5 前庭
6 家の前

とすると、次のような場面を空想できるだろう。

寝室で目を覚ましたあなたは、赤ちゃんの泣き声を耳にする。浴室へ行くと、娘の小学校の校長がトイレに腰掛けている。階段を上がろうとするが、踊り場にテントが張ってあって、二階まで上がれない。台所をのぞくと、娘の最初のボーイフレンドが皿を洗っている。そこであなたは外へ出る。前庭では、将来の義理の息子が角帽とガウン姿で立っている。隣家の前を通りかかると、掃除機を持った男たちが、一列に並んで、道路の清掃をしている。以下同じように、スピーチの最後まで続ける。

いざスピーチのときがやってきたら、頭のなかでこのルートをたどり直せばいい。非日常的な場面の数々が、順番どおりに思い出されるだろう。それぞれの場面が、何を話せばいいかを教えてくれるはずだ。講演のプロにも、このテクニックを使っている者は多い。この方法はスピーチにも、プレゼンにも、リストの記憶にも使える。前に紹介した方法と同じように、イメージはできるだけドラマチックで、印象的なものにしよう。たとえば、校長がトイレに腰掛けているというように。

少し練習すれば、細部までまちがいなく思い出せるようになるだろう。きっとみんなから、メモなしでよく重要なことをひとつも言い忘れずに話ができるものだと感心されるにちがいない。

# 22

# 実験し、失敗し、学習する

Experiment, fail and learn

思考の達人はいろいろなことから学ぶ。どこから出てきたアイデアであっても、自分の考えに取り入れられる。

好奇心と柔軟性とある程度の懐疑心を持って、他人の意見に耳を傾けられる。ただし聞いたことを鵜呑《うの》みにはしない。

他人のアイデアは、あくまで作業仮説として、つまり正しいかもしれないが、誤りかもしれないアイデアとして、受けとめる。思考の達人が信じるのは（それにしても完全に信じきるわけではないが）、自分自身の経験だ。

多くの場合、他人から得た二次情報より、自分で見たり、聞いたり、触ったり、感じたりした一次情報を信じる。自分の経験に重きを置き、それを新しい視点や、新しいアイデアや、深い理解の源にする。

科学者は昔から経験的知識をたいせつにしてきた。つまり理論ではなく、観察や体験や実験によって得た情報を重視してきたということだ。

理論や予測や計算は、誤りのありうる仮定の上に成り立っている。だから観察や実験で得られた事実を、最も信頼できる証拠と見なすというのが、科学的な手法の大原則となる。チャールズ・ダーウィンはビーグル号の長い航海で、膨大な数の経験的な証拠を集めた。それが進化論の基礎となった。

思考の達人は新しい経験や実験や観察を重んじ、それらによって二次三次情報を補強したり、チェックしたりする。みずから進んで新しい経験をしようとするとき、わたしたちは慣れ親しんだ世界の外へ出る。新しいことに挑戦するとは、つまり、結果のわからないことに取り組むことだ。失敗のリスクを冒さなければ、それはできない。革新的な企てにおいては、失敗は成功への足がかりとなりうる。

エジソンは電球や電池の発明までに、数え切れないぐらいの実験と失敗を繰り返した。それでも「実験のたび、どうすると失敗するかがわかった」と述べている。成功からよりも、失敗からのほうが学べることは多い。

これまでの人生で、あなたの最大の失敗は何か？　じっくり考えてみよう。つらい記憶でも、がまんして思い出そう。その経験からあなたは何を学んだか？　思い出せたら、それを紙に書き出してみよう。うまくできなかったことを振り返って、次にはどうすればもっとうまくできるかを見いだせるのが、思考の達人だ。

では、きのう、または過去一週間にあった重要な出来事を、ひとつ、思い出してほしい。会議でもいいし、デートでもいいし、子どもとの話し合いでもいいし、スピーチやプレゼンでもいい。あなたがそのときにしたことは、理想とどれぐらい隔たっていたか？ どうすれば、もっとうまくできたか？ それらの答えを紙に書いて、考えを整理してみよう。

毎週時間を作って、この作業を続ければ、自分のやりかたを改善するための方法が、いろいろと見えてくるはずだ。

失敗から学ぶ力をチェックしよう

□1　意識して新しい経験をしようとしている。
□2　旅行では、行ったことのない場所に行ってみるのが好きだ。
□3　日常にちょっと変化をもたせるため、いつもとはちがう経路で家に帰ることがよくある。

□4 ものごとがうまくいかないときは、分析をして、そこから何を学べるかを考える。
□5 失敗から学んでいる。
□6 同じまちがいを二度繰り返さないよう心がけている。
□7 リスクを冒すことも辞さない。
□8 自分がときには失敗することはわかっていて、そのことを肯定的に捉えている。
□9 ときには物笑いのたねになっても、かまわない。
□10 ミスを犯したときは、すなおに謝れる。

これらのうち七項目以上に「はい」と答えられたら、優秀だ。

新しい経験には、実験や冒険や賭けがともなう。それをいやがる人も多い。そういう人は既知の世界に留まろうとする。既知の世界に留まっていれば、安全だが、成長はできない。新しい経験はすべて、新しいことを学ぶチャンスになる。以下にいくつか、新しい経験のしかたを紹介しよう。

1　積極的に新しい仕事や役割を引き受ける。あの人はいつも新しいことに挑戦しているると、職場で評判になるぐらいに。

2　劇場や映画館へ足を運び、ふだんの自分からは考えられない芝居や映画を観る。

3　休日に、いつもとはちがう場所に遊びに行く。そこで、いつもの自分ならしそうもないことをしてみる。

4　意識的に新しい人と会ったり、新しい友人を作ったりする。

5　テレビを見るのをやめ、自分のあまり知らない分野の夜間講座を受講する。

6　楽器や、スポーツや、語学など、新しい技能を身に付ける。

7　ブックマークしていないインターネットのサイトを閲覧する。

8　まったく知識のない分野の雑誌を読んでみる。

9　大学の公開講座を受講し、知らないことを学ぶ（近くの大学でどういう講座が公開されているか、調べてみよう）。

10　現代美術の展覧会や、一風変わった美術館へ行ってみる。

成功者はどういう失敗を経験し、その失敗からどう学んだか。いくつかの例を紹介しよう。

■一九五〇年代、ジャクージ兄弟は関節炎の患者向けに泡風呂を開発して、売り出した。しかし売れ行きはいまひとつだった。高価なものを買う余裕のある人が、関節炎を患う人のなかには、ほとんどいなかったからだ。ジャクージ兄弟は一から戦略を練り直し、同じ商品を、富裕層向けの贅沢な商品として、あらためて売り出した。その結果、泡風呂は大ヒット商品となった。

■コロンブスは新しいインドへの航路を見つけるため、西に向かって船を進めた。それは危険の大きい新しい試みだった。コロンブスの航海は失敗に終わったが、その代わり、アメリカを発見した。

■ドン・ペリニヨンがシャンパンを発明したのは、瓶詰めしたワインが偶然、二次発酵したことがきっかけだった。

■ファイザーが高血圧を緩和する薬の臨床試験を行なっているときだった。被験者の男性から、高血圧には効かないが、有益な副作用があるという報告があった。こうして治療薬の開発の失敗から、製薬史上空前の大ヒットとなるバイアグラが誕生した。

これらはどれも「誤った答えも、問いが異なれば、正しい答えになる」という格言のとおりの例だ。失敗のたび、新しいことが学べる。失敗は成功よりも多くのことを教えてくれる。

はじめて歩けるようになったときのことを思い出してみよう。といっても、思い出せるものではないだろうから、代わりにわたしが教えよう。あなたは何度も何度も転んだ。しかしそのたびに立ち上がって、また歩こうとした。歩けることはやがて当たり前になるが、はじめは、何度も挑戦と失敗を繰り返して、あなたはその能力を身に付けた。人生のあらゆる場面において、それと同じ姿勢を持つことが必要だ。

# 23 物語の力を使う
Tell stories

わたしたちは情報にあふれた世界に生きている。データや、事実や、統計など、あらゆる形の情報に取り囲まれている。わからないことがあるときは、インターネットで検索すれば、すぐに調べがつく。

しかし人間は事実だけでは満足しない。わたしたちは理解したがる。意味や背景を知りたがる。物語を聞きたがる。子どもが親にお話をしてほしいとねだるのは、自分のなじみのある世界に物語のひとこまを当てはめるのが好きだからだ。

おとなもその点は変わらない。会議で聞き手は、データや数字ばかりの話には退屈する。心を打つ物語が聞きたいと思う。意味を教えてくれる、おもしろい物語が聞きたいと思う。物語はきわめて効果的なメッセージの伝達方法だ。

キリスト教が広まったわけは、ひとつには、イエスが説教や神学的議論ではなく、たとえ話によってメッセージを伝えたからだった。イエスのたとえ話はとてもわかりやすかったので、それを聞いた人々はほかの人々に同じ話をしてやれた。

物語は人物、感情、雰囲気、展開、結果などから構成される。わたしたちが物語に引き込まれるのは、そこに登場する人物たちがどうなるかを知りたいからだ。

重要な点を伝えたいときは、エピソードなどの物語を交えるとよい。次のふたつの例を比べてみよう。銀行が企業家に融資について説明している場面だ。

1 昨年、当行は小規模の企業に対し、一万五千件以上の融資を行ないました。融資総額は十二億ドル以上にのぼります。審査にかかった日数は、平均で三十六日以内です。申し込みの手続きをオンライン化して、スピーディーに融資できるよう努めています。また当行にはトレーニングを積んだアカウントマネジャーが二百五十人以上おりますので、必ずやお客さまのご要望に応えられるでしょう。小規模企業のオーナー様への満足度調査でも、常に上位五以内に選ばれています。

2 昨年、当行は小規模の企業に対し、一万五千件以上の融資を行ないました。そのうちの一件、事務用品の会社を経営するジェリー・マルティネスさんへの融資例を紹介させてください。マルティネスさんは三十五歳になるスペインからの移民で、ご自身で会社を興され、二十人の従業員を雇っています。従業員には親戚も少なくありません。今回、大手小売りチェーンから調達部の事務用品の切り替えという五十万ドルを越す大型契約を取り付け、在庫や準備の資金として、五万ドルの融資が必要になりました。マルティネスさんは当行へ来られたとき、とても不安そうな顔をされていました。資金を確保できなければ、大型契約を失うかもしれないという状況に置かれているうえに、他の二行からすでに融資を断られていたからです。わたくしどもは当行で最も経験豊かなアドバイザー、エディー・ジョーダンに審査をさせ、それから七日後には、マルティネスさんに資金をご用意しました。加えて、企業保険や新人の研修費用についても、お力添えをさせていただきました。マルティネスさんの会社の売り上げはその後、倍増し、わたくしどもは次のような感謝の言葉を頂きました。「助力に感謝しています。おかげで危機を乗り越え、自慢できるほどの成功を収められました」

どちらの話にあなたは興味を引かれるだろうか？　もしあなたが融資の申し込み者だとしたら、銀行のサービス内容について、どちらの話をもっと聞いてみたいと思うだろうか？

人類学者によれば、物語を話すという行為はあらゆる文化に共通して見られるという。そしてそれは、物語が集団内の社会的な結びつきを強化したり、次世代に知識を伝えたりするのに役立つからだという。

しかし心理学者のあいだでは、個人レベルでも、物語には重要な意味があると考えられはじめている。それによると、空想の世界は人間の生活に欠かせない社交術の「実験場」だという。

「パイロットになる訓練では、フライトシミュレーターが使われます」とトロント大学の応用認知心理学の教授キース・オートリーは言う。オートリーとマーによる予備調査では、物語が社会生活の「フライトシミュレーター」の役割を果たしていることが示唆されたそうだ。

二〇〇六年の実験からは、物語を楽しむことと、社会的な能力の高さとに相関関係があることがうかがわれた。その実験では、九十四人の学生を対象に、社交や共感の能力を自己評価とテストの両方の方法で調べるとともに、フィクションの作家名とノンフィクションの作家名をどれぐらい知っているかを尋ねた。その結果、フィクションに多く接している学生ほど、社交と共感の能力が高いことがわかったという。

では、どのように物語を語ればいいのか？　以下に簡単なステップをお教えしよう。

**1 人物を紹介する。物語には人物が欠かせないので、まずは人物を描写しよう。**

**2 状況を説明する。ここには多くの場合、乗り越えなくてはならない課題や困難が含まれる。**

**3 その後、何が起こり、状況がどう変化したかをわかりやすく述べる。**

## 4 なんらかの結末を付けたり、教訓を引き出したりする。

これまでの人生を振り返って、鮮明に覚えている出来事や、自分が直面した苦難や問題や、自分が経験した滑稽な出来事や感動的な出来事を思い出してみよう。そして、それらからどういう教訓を得たかを考えてみよう。

誰のなかにも、物語はある。それを適切な場面で、じょうずに語れれば、聞く者に人生のヒントを与えられるかもしれない。自分をさらけ出すことを恐れず、自分の思いや弱さも包み隠さず話そう。誠実な気持ちからそうするなら、深い尊敬や共感を得られるだろう。話をごまかしてはならない。自分の心理や感情や苦しみや喜びを、鮮明に描き出そう。それがいかにひどいことだったのか、あなたがどれほど怖がったのか、あなたがどれほど驚いたのか、あなたがどれほど喜んだのかを、聞き手は知りたがっている。また何より聞き手が知りたがるのは、結末だ。最後にはどうなったのか、なぜそうなったのかを、忘れずにちゃんと話そう。

年を取ってから、両親や祖父母のことを思い返すとき、おそらく何よりよく覚えているのは、人生の履歴とか、稼ぎや資産や地位とかではないだろう。

両親や祖父母から話してもらった物語、とくに、どういう子ども時代を送ったとか、親とどういう関係だったとか、どういう失敗を犯したとか、どういう冒険をしたとかについての心温まる物語がいちばん印象深い想い出として、心に残っているはずだ。

おもしろい物語をいくつも蓄えておこう。社交や仕事の場で、いつでもそれらを語れるよう準備しておこう。個人的な物語はデートから講演まで、あらゆる機会に使える。

いちばんいいのは、自分にしか語れない物語だ。しかし他人から聞いた話であっても、それがとても楽しかったり、その場にぴったりだったりするなら、話す価値はじゅうぶんにある。ふだんからノートなどにおもしろい物語を書き留めておき、それらをどう仕事や会話のなかで使えるかを、いろいろと考えておくとよい。

E・M・フォスターはこのことを簡潔に説明している。「女王が死に、王が死んだ」は事実であり、「女王が死に、王は悲嘆のあまり死んだ」は物語だ、と。

メッセージを伝えたいときは、情報の提供という観点から考えるだけでは足りない。実例や逸話を用いて、どのようにメッセージをわかりやすく説明できるかということも、考えるべきだ。事実をただ並べるのでなく、物語の力を使おう。

# 24 ユーモアを交える

Think humorously

前に述べたように、水平思考とユーモアとには相通じるものがある。コメディアンは常識とはちがうものの見かたをして、わたしたちが当たり前のように受け入れている世のなかの決まりごとをあざけり、笑いのねたにする。ジョークのおもしろさは、予想外のことを言う、つまりあっと驚くような落ちをつけることから生まれる。たとえば、次のようなジョーク。「わたしの夜はだいたいいつも決まっています。十時にホットチョコレートを飲み、十一時にベッドに入り、深夜に家に帰ります」

わたしたちがこの話に笑うのは、話の三番めのところで、予想外のことが言われるからだ。

ユーモアはいままでとはちがうものの見かたをしようとするときに役に立つ。しかしそのほかにも、有益な効果がいくつかある。

たとえば、まじめな話にユーモアを交えれば、メッセージが相手の心に届きやすくなる。会話や講演の随所にユーモアをちりばめれば、もっとみんなの興味を引けて、もっと人気者になれる。しかも笑いには、強力な治癒力まである。笑うとエンドルフィンが分泌されるので、緊張が和らぎ、いい気分になれる。

いまよりもっと笑いに満ちた生活を送るためには、どうしたらいいか？　たとえば、次のような方法があるだろう。笑える本を読む。ラジオでコメディー番組を聴く。喜劇を観に行く。自分を笑わせてくれる人間と付き合う。笑い話になる出来事があったら、それをノートに書き留め、人に聞かせる練習をする。場合によっては、不運な出来事ほど、人にはおもしろがってもらえる。

子どもの視点で世界を眺めてみるというのもひとつの手だ。子どもはいち日じゅう笑っている。なんでも楽しむことができ、ものごとの楽しい側面に目を向ける。そんな見かたをまねできたら、笑うことも増えるだろう。古代ローマの哲人セネカは次のように述べている。「人生は悩みのたねではなく、笑いのたねにしたほうが有益だ」

## ジョークの言いかた

多くの人はジョークを言うのをためらう。以前に場をしらけさせたことがあるとか、恥をかきたくないとか、相手を怒らせたくないとかが、その理由になっている。

ジョークは個人的な逸話とはちょっとちがい、あらかじめできあがっている笑い話だ。

自分の逸話を話すときは、自分の経験を話すわけだから、いかようにも話すことができる。ジョークは独立した一種の人工的な話なので、それを持ち出すときには、いくらかのリスクがともなう。

とはいえ、じょうずに話せれば、みんなを大笑いさせ、雰囲気を盛り上げられる。スピーチのなかにその場にふさわしいジョークを巧みに交ぜられるなら、聞き手から感謝されるだろう。聞き手はたいがいつまらない話に退屈し、ちょっとした息抜きを求めているものだ。

ジョークのこつをいくつか以下に紹介しよう。

## 1 収集

インターネットやジョーク集の本から、自分がほんとうにおもしろいと思ったジョークを三、四つ選ぶ。人前で話をすることになったときは、話に織り交ぜられるよう、関係のある（わずかなつながりでもよい）ジョークをいくつかあらかじめ見つけておく。どんな場面でも使える一般的なジョークや時事的なジョークも、ひとつかふたつ、用意しておくとよい。

## 2 練習

声に出して練習する。できれば、鏡の前で行なうのがよい。洗練され、堂々としていて、自信たっぷりの口調を身に付けよう。どのジョークでも、落ちをたいせつにし、その部分は完璧に暗記しておく。

## 3 タイミング

会話のなかに、自分の仕入れておいたジョークにうってつけのきっかけがあれば、そのときにはそれを差し挟んでいい。そうでないなら、話が一段落するまで待とう。相手がジョークを予期していないときほど、ジョークの効果は高まることがある。だから場合によっては、まじめな口調で話をして、落ちでいっきにひっくり返すというやりかたもできる。

## 4 ゆっくりと落ち着いて話す

話を急いだり、もごもごと不明瞭なことを言ったり、または言葉をとちったりして、ジョークをつまらなくしてしまう人は多い。練習を積めば、そういうことは改善できるが、それでもつい早口になりがちだ。だから意識して、ゆっくりと話すようにしよう。落ちの前には、間を置くとよい。それによって落ちの効果は格段に高まる。

## 5 聞き手に合わせる

七番ホールのティーグラウンドでは大いに受けたジョークも、教会の慈善バザーでは冷たい視線を浴びるだけかもしれない。ジョークはもともとタブーに触れることが多いので、ひとりかふたりの気分をちょっと害するかもしれないというぐらいの小さなリスクなら、気にしなくてよい。しかし、もしジョークに真剣に腹を立てる人がいたら、それは判断を誤ったあなたの罪となる。いろいろな人がいる日中の集まりでは、無難な話題に留めたほうがよい。夜なら、もう少しきわどい話ができるだろう。男だけの飲み会なら、もはや遠慮はいらないかもしれない。場所に応じて、うまく使い分けよう。

## 6 お返しをする

ほかの人のジョークの落ちをばらしてはいけない。たとえ聞いたことのあるジョークでも、必ず、笑うか、ほほえむかしよう。ジョークは言うだけでなく、聞くのもじょうずにならなくてはいけない。

## 7 レパートリーを増やす

経験を積み、自信がついたら、別のジョークにも挑戦してみよう。ただし、やりすぎは禁物。会話のあいだじゅう、次々とジョークを繰り出すのでは、本末転倒になる。あくまでおもしろいジョークをいくつか完璧にものにすることが目標だ。

# 25 ポジティブに考える

Think positively

以前ミネソタ州ロチェスターにあるメイヨー・クリニックの研究で、患者が楽観的か悲観的かを調べる性格検査が行なわれた。

その後、三十年にわたって患者の追跡調査をしたところ、楽観的な者は同世代同性の平均より長く生きているのに対し、悲観的な者は平均より早く死んでいることがわかった。この研究では、楽観主義が免疫機能を高めることや、健康的なライフスタイルを築くのに役立つことも、わかったという。

楽観的な人間は自分を肯定的に捉え、健康にも気を配る。悲観的な人間は血圧を高めたり、過度に心配したり、落ち込んだりすることで、恐れていることを自分の身に引き寄せてしまう。

わたしたちは暗くネガティブに考える人間にもなれるし、明るくポジティブに考えるように習慣づけることもできる。ものごとに対する姿勢が、わたしたちの発想を決め、発想がわたしたちの行動を決め、行動がわたしたちの人生の結果を決める。ポジティブな姿勢の持ち主ほど、多くのことを成し遂げ、充実した日々を送り、長く生きられることは、すでに数多くの研究で明らかにされている。

ポジティブシンキングについて書かれた本や記事も豊富にある。それらの本で説かれていることをいくつか以下にまとめてみよう。

### 1 自分を信じる

これはノーマン・ヴィンセント・ピールのベストセラー『積極的考え方の力』（桑名一央・市村和夫訳 ダイヤモンド社、二〇〇三年）の冒頭の言葉だ。成功する人間は揺るぎない自信を持って、ものごとに臨む。生涯の業績を左右するのは、頭のよさとか、教育とか、人脈とかより、まずは自分を信じられるかどうかだ。自分には大きなことを成し遂げられる力がある、人の役に立てる特別な才能があるという確信が、重要な出発点となる。

### 2 明確な目標を立てる

これについては26章「目標を書いて実現をめざす」で詳しく取り上げている。目的地がなかったら、旅は行き当たりばったりになり、どこへたどりつくかわからない。大胆かつ達成可能な目標を持ち、それを紙に書き出そう。そうすれば、もはや目標は半ば達成されたようなものだ。

### 3 成功した自分の姿を思い描く

目標を実現したときの自分の姿を思い浮かべてみよう。自著が出版される、商品が大ヒットする、講演で熱狂的な喝采を浴びる、レースに勝つ、夢の生活をするなど、そのときの気分を想像してみよう。頭のなかでそういう場面を思い描くことで、それを実現するための行動が起こしやすくなる。

### 4 自分の人生の所有者となり、責任者となる

被害者意識を持ったり、他人や状況のせいにしたりしないということ。船長は自分だ。行き先も、行きかたも、自分で決めよう。もし人生に不満があるなら、人生を変えるための計画を立てて、それを実行しよう。

### 5 自分に語りかける

前向きな考えかたを自分自身に説くことで、自分を鼓舞しよう。たとえば、いち日のはじまりに「きょうは気分のよいいち日にしよう」とか、「目標に向かって前進するぞ」とか、胸のなかで言うとよい。うまくいかないことがあったり、不調に陥ったりしても、言い訳をしない。「原因は自分にある。この失敗から学ぼう」と自分に語りかけよう。

## 6 ネガティブな考えを排除する

疑念やネガティブな考えが心に浮かんだら、前向きな考えを自分に語りかけることで、それらを追い払おう。前向きに考え、意識して、困難や障害への恐れを退けよう。「この壁は乗り越えられる」と自分に言い聞かせ、問題から目を背けない。建設的で、楽観的な姿勢で、問題に立ち向かおう。

## 7 前向きな人間と付き合う

友人や親戚や知人のなかにはきっと、陽気で、前向きで、楽観的で、活力にあふれた人物もいれば、陰気で、後ろ向きで、悲観的で、ひねくれた人物もいるだろう。誰がどちらに当てはまるか、ちょっと考えてみよう。単純だが、できるだけ前向きな人間とともに過ごす時間を多くしたほうがよい。楽観的な人間といっしょにいると、こちらも元気が出て、意欲がわいてくる。悲観的な人間といっしょにいると、自信が失われたり、気持ちが沈んだりする。

## 8 自分がいかに恵まれているかを考える

人生の「貸借対照表」を書いてみよう。学校を出ている、仕事がある、健康である、愛し合っている人がいる、生活していくお金があるなどは、「資産」の項目に入れる。失業している、病気である、人間関係に苦しんでいる、破産しているなどは、「負債」の項目に入れる。これをやってみると、おそらく資産項目のほうが負債項目よりもはるかに多くなるだろう。人生のいい面はたいがい当たり前のものとして受けとめられ、ふだんは意識されていない。わたしたちの目はとかく失敗や不足に向きがちだ。ときどき自分の置かれた状況を振り返って、いかに自分が恵まれているか、いかに幸せであるかを思い出そう。

## 9 肯定的な面を見つける

どんな状況もチャンスと捉えよう。解雇されたことが人生でいちばん幸運な出来事だったと語るフリーのコンサルタントは多い。解雇されたときはお先真っ暗だと嘆いた者も、いまの仕事に会社員時代以上の満足ややりがいを感じている。どんな変化にも、いい面と悪い面がある。変化をチャンスにするか、危機にするかは自分しだいだ。いい人生を送る者はたいがい、逆境を踏み台にして、成功をつかんでいる。一度や二度の失敗で、落胆するべきではない。少し休んだら、やりかたを変えて、また挑戦すればいい。

## 10 リラックスし、人生を楽しむ

肩の力を抜こう。笑うことができれば、もっと余裕をもって課題に取り組める。一度にすべてのことを片付けようとしない。仕事を抱えすぎない。意識的に、自分にちょっとしたご褒美を与えたり、自分が喜ぶことをしたりする。笑いは最高の良薬だ。いっさいお金もかからない。また仕事と、運動と、人付き合いと、遊びのバランスも取ろう。目標がはっきりしていると、それらのバランスは取りやすくなるはずだ。ポジティブな考えかたの人間は、小さなこと——たとえば、森林を散策するとか、子どもにお話を読んでやるとか、友だちとワインを飲むとか、テレビでコメディーを見るとか——に喜びや満足を見いだせる。

## 11 ふりをする

上述のことがどれもできないときは、そのふりをしよう。内心では不安だったり、恐かったり、弱気になったりしていても、自信たっぷりに堂々と振る舞う。たとえば、人前で話すときなら、大物になったつもりで、颯爽《さっそう》と演壇に上がり、みんなにほほえみかけよう。役を演じることで、役にふさわしい態度や振る舞いを身に付けられる。またそうすることで、聞き手も欺《あざむ》ける。さらには、自分の脳も欺ける。脳をだませれば、もはや演じるだけでなく、ほんとうにそういう自信に満ちた積極的な人間に変われる。

ポジティブに考えるほうが大きな成功をつかめ、長く生きられ、幸せになれることがわかっているなら、なぜわざわざネガティブな考えかたをする者がいるのか？
それはネガティブに考えるほうが、心地よく、苦労も少ないと、多くの者が錯覚しているからだ。そんな錯覚に陥っては損をする。ポジティブに考える習慣をつけよう。

# 26 目標を書いて実現をめざす

Set goals

あなたは目標を紙に書き出しているだろうか？　多くの人はそもそも目標というものを持っていない。または漠然とした目標を二、三、心のなかで思い描いているだけだ。目標を紙に書く人のほうが、そうしない人より、目標を達成できる確率は高い。

成功する人間は明確な目標を定めて、それを紙に書き、さらに目標達成までの道のりを数段階に分けて、達成状況を把握できるようにしている。目標を書くという行為によって、わたしたちの気持ちは引き締まる。目標を書き、その実現までの具体的な過程を考えることで、目標は現実味を帯び、重みを増す。

では、生活のいくつの側面で、あなたは目標を立てているだろうか？　目標を書いている人でも、たいがいは二、三の仕事関連の目標や、体重を減らすなどの個人的な目標しか持っていない。できれば生活の以下の六つの側面で、目標を持つことが望ましい。

## 1 仕事

仕事では何を成し遂げたいか？　収入や昇進や評価などに関して、どんな望みがあるか？　それらを実現するための計画を紙に書き、そのうちのいくつかについては、上司に相談することも考えよう。

## 2 人間関係

人生のどの段階にあっても、人間関係については常に考えるべきだ。どうしたら関係をよくできるのかということは、いつも考えなくてはならない。親、兄弟、姉妹、子ども、友人、隣人などとの関係を振り返ってみよう。修復すべき部分や深めるべき部分はないだろうか？　多くの人にとって最も重要なのは、妻や夫との関係だろう。こじれた関係を修復したいなら、その方法を考えて、具体的な行動計画を立てよう。問題を相手のせいばかりにしていては、関係は改善しない。相手の助けになれることが何かないか、探そう。必ず、何かしらあるはずだ。

## 3 健康

健康は最もたいせつだ。健康でなければ何もできない。自分がどういうことに気をつければいいかを知る人は多い（もし知らないなら、まずは健康診断を受けよう）。しかし、それを実践する人は少ない。はっきりと目標を掲げることで、健康に悪い生活習慣をやめられるようにしよう。

## 4 富

経済状態を安定させるための明確な目標を定めよう。たとえば貯蓄や、ローンの返済や、年金や、資産や、投資などについて、具体的な目標を考えるとよい。

## 5 自分の成長

あなたはどんな技術や経験を身に付けたいと思っているだろうか？　スピーチがもっとうまくなりたい、トランペットがじょうずに吹けるようになりたい、ケーキ職人になりたい、ヨットの操縦をマスターしたいなど、いろいろとあるだろう。新しい技能を学びつづけることはとてもたいせつだ。その実現のためには、目標を掲げ、計画を立てることが最も有効な方法となる。

## 6 社会生活

仕事や家庭の用事が忙しくて、社会生活とか、趣味の活動とか、人との付き合いとかに時間を割けない人は多い。新しい友人を作りたい、もっと頻繁に劇場に通いたい、もっと充実した休暇を過ごしたいなどの思いがあるなら、具体的な目標を定め、計画的にそれを実行するべきだ。いつかチャンスがあったらと考えているうちは、絶対に実現しないだろう。

では、どのような目標を持ったらいいのか？　以下に一般的なアドバイスを記そう。

## 1 SMART（賢明）な目標を立てる

具体的（Specific）で、測定可能（Measurable）で、実現可能（Attainable）で、現実的（Realistic）で、タイムリー（Timely）な目標にしよう。あいまいな目標は役に立たない。期日や数字の明確な目標を、紙に書こう。

## 2 DUMB（愚か）な目標も持つことの薦め

愚かな目標とは、危険に思えるほど実現がむずかしく、尋常ではないほど壮大な（Dangerously Unachievable and Monsterously Big）目標のことだ。ふざけたアドバイスに思えるかもしれないが、こぢんまりした目標ばかりでなく、野心的な目標も持つべきだという考えかたには、一理ある。

## 3 目標を分割する

大それた目標を掲げるにしても、ほどほどの目標を掲げるにしても、目標が決まったら、次にするべきは、実現までの道のりをいくつかの段階に分けるという作業だ。そうすることで具体的な計画を立てたり、達成状況を把握したりできるようになる。たとえば、体重を六キロ減らすことが目標なら、毎月〇・五キロずつ十二カ月かけて減らすという目標の分割のしかたがある。同じように、一冊の本を書き上げたいならば、一週間で一章書くとか、毎日八百ワード書くなどのやりかたがあるだろう。

## 4 がっかりしない

誰でも目標を達成できないことはある。たいせつなのは、そこであきらめないことだ。失敗したら、またやり直せばいい。うまくいかなかった部分をよく見つめて、その有効な対策を考え、あらためて目標を立てよう。

目標は上位のものから的を絞って、取り組んでいくとよい。パレートの法則によれば、成果の80パーセントは、20パーセントの行動から生まれるという。目標や課題のリストを眺めて、それらを重要な順に並べ替えてみよう。達成したいと思っていることの上位三つは何か？　自分の成長にいちばんつながることは何か？

それらが最初に取り組むべきことだ。では、どうしたらもっとじょうずに的を絞ったり、優先順位を付けたりできるようになるのか。それが次章のテーマだ。

# 27 優先順位を決め、的を絞る

Prioritize and focus

思考の達人はいろいろなものごとに対応できる。受けとめられる考えかたや刺激の幅が広いということは、それだけ常に思考することを習慣づけているということだ。

しかしここにパラドックスがある。思考の達人はさまざまなことに向き合える一方で、重要ないくつかのことに的を絞ったほうが有益であることも知っている。

最高の成果を上げるためには、いちばん重要なことに専念する必要がある。さまつなことのせいで、肝心なことが後回しになってはいけない。

課題の一覧を書き出すことで、簡単に優先順位は付けられる。優先順位の付けかたにはいくつかあるが、いちばん有名なのは、ペア式順位法だ。ペア式順位法では、選択肢を一対ずつ比較して、重要度の高いほうに一点を与える。そして、すべての組み合わせを比較し終えたら、それぞれの得点を集計する。そうすることで、得点順にランクを付けられる。

たとえば、「するべきことリスト」に、以下のような互いに関連のない六つの仕事があったとしよう。

□ 販売予測を作成する。
□ 応募者の履歴書を読む。
□ 顧客から書面で送られてきた苦情に回答する。
□ 新製品の仕様の評価をする。
□ 提示された価格について検討する。
□ 経費を削減する。

最初に確認するのは、ある仕事が別の仕事の前提になっていないかどうかだ。この六つの仕事にはそれはない。

次に、他人に任せられる仕事がないかどうかを確認する。それもここにはない。それらを確認したうえで、一対ずつ仕事を比較して、重要なほうに一点を与える。次の表が、比較の結果だ。

| | 履歴書 | 苦情 | 新製品 | 価格 | 経費 |
|---|---|---|---|---|---|
| 販売予測 | 販売予測 | 苦情 | 販売予測 | 価格 | 販売予測 |
| 履歴書 | — | 苦情 | 新製品 | 価格 | 履歴書 |
| 苦情 | — | — | 苦情 | 価格 | 苦情 |
| 新製品 | — | — | — | 苦情 | 新製品 |
| 価格 | — | — | — | — | 価格 |

合計得点は以下のとおり。

**顧客からの苦情**……………………5
**価格の検討**……………………4
**販売予測**……………………3
**新製品の評価**……………………2
**応募者の履歴書**……………………1
**経費削減**……………………0

というわけで、これが六つの仕事の優先順位となる。人によっては簡単な仕事や時間のかからない仕事など、小さな仕事を先に片付け、「机の上を整理」してから、大きな仕事に取りかかりたいかもしれない。

しかしそれだと肝心な仕事がどんどん先送りにされる危険がある。もし苦情への回答が最重要なら、最初にそれに取り組んで、確実にその問題を解決するべきだ。

## するべきことリストの取り扱いかた

するべきことリストの優先順位の付けかたや、的の絞りかたや、整理のしかたについては、数多くの方法や本がある。それらのなかからすぐれたアドバイスをいくつか以下に紹介しよう。

### 1 80対20の法則を適用する

パレートの法則はもちろんご存じだろう。成果の八割は努力の二割から生まれる、または利益の八割は顧客の二割からもたらされるという法則だ。ほぼどんなものにも当てはまると言われ、実際、それは経験的にも裏付けられている。「教師は生徒の二割に時間の八割を取られる」や、「店の売り上げの八割は、商品の二割から生まれる」などをはじめ、いろいろな例がある。この法則から言えるのは、成果の二割のために時間の八割が費やされているということだ。そういう時間は思いきって削って、成果の八割を生み出す二割の行動に時間を割けるようにしよう。そのためには、自分が何に時間を使っているかを書き出して、それぞれの価値を考えてみるとよい。もし十のことをしているとしたら、そのなかでほんとうに欠かせないのは、きっと三、四つだろう。少なくとも五つは、あまり重要でないことをしているはずだ。それらのことは切り捨てるか、他人に任せるかしよう。

## 2 目標を書いて実現をめざす

詳しくは26章を参照してほしい。

## 3 価値の低いことは常に切り捨てる

これは1のアドバイスと重複するが、とても重要なので、繰り返し言っておきたい。目標に向かっていざ進みはじめようとすると、さまつなことにたえずじゃまされ、なかなか思いどおりに前進できないということがよく起こる。毎週の惰性でしているところや関係のないことはどんどん切り捨てていこう。

## 4 先延ばしは絶対にするな

なぜいますべきことをいませず、後回しにするのか。誰もが先延ばしをしている。面倒な仕事や不快な用事は知らず知らずのうちに後回しにされる。だから先延ばしをしている自分に気づき、行動を起こせるかどうかが、重要になる。毎日、いやなこと――後回しにしがちな重要なこと――から片付けていくとよい。これは「カエル」と呼ばれることがある。はじめにそれを食べてしまえば、その日いち日、カエルを食べることほどいやな思いはしないですむという意味だ。重要なことから取り組み、それを終えたら、自分にちょっとしたご褒美を与えよう。いやな仕事にスムーズに取りかかるもうひとつ別の方法としては、十分だけやってあとはほかのことをしようと自分に言い聞かせるという方法もある。一時間続けて、書類を読むとか、運動をするとかいう気が起こらないときは、とりあえず十分だけやってみよう。いったんやりはじめれば、もっと長く続けられるだろう。これについては28章で詳しく取り上げる。

## 5 他人に任せる

他人に任せられる仕事は、他人に任せよう。自分の得意でないことは、ほかの人間にやってもらうほうがよい。たとえば、計算や、書類整理や、コピーなどの仕事は誰かに任せられるだろう。事務のアシスタントを雇うという手もある。インターネットで探せば、さまざまな有能なフリーランスのアシスタントが見つかるだろう。自分にしかできないことに専念するのが、理想だ。自分の技能や関心がいちばん生かされる仕事を優先させよう。

## 6 最も重要なことから取り組む

緊急なことと重要なことを区別しよう。きょうが支払い期限の請求書は、「緊急」だ。もしあなたが肥満なら、「重要」なのは、体重を減らすことだ。毎日、最も重要なことを書き出して、それから取り組むようにしよう。

ブルース・リーはかつて次のように言った。「一流の武術家も、みんなと同じふつうの人間だ。ただし、レーザーのように的を絞ることができる」。ものごとに正しい優先順位を付け、重要なことに徹底して的を絞ることで、わたしたちは敵にも、雑念にも、先延ばしにも打ち勝てる。

# 28 考えを行動に移す

Turn thinking into action

## なぜ先延ばしは危険か

この本ではここまで、いろいろな思考法のすばらしさを紹介してきた。慎重に分析し、じゅうぶんに考えてから行動を起こそうと、説いてきた。

考えることはたいせつだ。思いつきだけで行動を起こすのは、一般には、愚かなやりかたであり、悪い結果につながるだろう。

しかし、考えのない行動がいけないのと同じように、行動のない考えもいけない。これは深く考える者が陥りやすい罠だ。完璧さを求めるあまり、実行を先延ばしにしてしまう。理想的な解決策が見つからないといって、それをえんえんと探しつづける。次々とちがう思考のツールを使っては、問題の分析や理解を深めようとする。わたしたちはたやすく、いわゆる「分析麻痺」に陥って、動けなくなってしまう。

人生には考えるべきときと、行動を起こすべきときがある。

壮大な新理論を構築しようとしている哲学者も、どこかで抽象的な思考をやめ、論文を書きはじめなくてはならない。分析をしすぎると、わたしたちの思考は堂々巡りになって、行きづまる。そういうときは何か別のことをして、先へ進むべきだ。たとえどちらへ進むのがいちばんいいのか、確信が持てなくても、そうしたほうがよい。

## 「なぜ行きづまったのか?」と問う

行きづまり、決断を下せなくなったり、行動を起こせなくなったりしたときは、なぜそうなったのかを振り返ってみよう。

問題のむずかしさにひるんでいるのか？　行動を起こすのが恐いのか？　怠けているのか？　完璧さを求めているのか？　行動にともなうコストやリスクが心配なのか？　気分や感情の面に何か、自分を押しとどめるものがあるのか？

正直に自分を見つめよう。先延ばしの原因を紙に書き出してみると、そのほとんどは単なる言い訳にすぎないことがわかるだろう。ほんとうの原因に的を絞って、その解決を図ろう。この原因も、ほかの問題と同じ方法——批判的な分析と創造的な思考の両方を使う——で解決できる。

## わからないことがあってもかまわない

ときには答えのわからないことがあってもかまわないと思おう。いつも正しい判断をすることは不可能だし、すべてを知ることもできない。解決策が見つかるまで永遠に待とうとするより、解決策はとりあえず保留にしたまま、先へ進むほうが賢明だ。

## 完璧さを求めない

完璧さを求めるせいで、かえっていい結果から遠ざかることがある。完璧なパートナー、完璧な家、完璧な仕事を探しつづけるうちに、人生は過ぎ去ってしまう。

完璧さを目指して、努力することはできるし、そういう努力には意味もある。

しかし完璧と言える地点にはけっしてたどりつけないことは、覚えておこう。最高のものを求める気概は必要だが、完璧主義では、やがて挫折するだろう。完璧さよりも、着実に前進することを目標にしたほうがよい。正しい方向に進んでいれば、必ずなんらかの成果は得られる。作家を鼓舞するための次のような言い習わしがある。

「うまく書こうとするな。とにかく書けばよい」

これはつまり、あらゆる調査を済ませ、入念に計画を立ててから書こうとするより、まず書きはじめ、あとで書いたものを修正したり、練り直したりするべきだということだ。準備にはきりがない。いくらでも関連のあることは出てくる。あらゆる準備を整えてから、完璧なタイミングで、完璧な条件のもとで始めようとしていたら、きっといつまでたっても、始められないだろう。

## 友人に電話する

コーチや、メンターや、友人に話してみるという方法も有効だ。自分がいまどういう壁にぶつかって、前進を阻まれているのかについて、ありのままに話して、意見を聞こう。話す相手は、思慮深く、正直で、率直に考えを言ってくれる人物がいい。客観的な立場から、あなたの考えについて、いろいろと指摘してもらおう。

多くの場合、役に立つアイデアやアドバイスが得られるものだ。誰かと話をすること自体、問題や自分についての理解を深めることになる。もしその話のなかで、何かをすることを決めたら、おそらくあなたはそれをやり遂げられるだろう。次にその相手と会ったときに何もしていないとは言いにくいからだ。

## 見返りを思い出す

課題をやり遂げることで得られる見返りを、紙に書き出そう。収入や、地位や、出世や、人間関係や、家族や、文化的な生活や、健康や、自尊心など、いろいろな面での見返りが考えられるだろう。

それぞれの見返りは、行動を起こす原動力になる。さらに、その課題をやり遂げられなかった場合、どういう結果が待っているかについても、リストを作成してみよう。誰に害が及ぶか？　自分はどう感じるか？　達成の見返りより、リスクや負の結果を避けたいという思いのほうが、強い動機付けになる場合も多いので、両方に目を向けよう。

## 何かを行なう——とにかく動いてみる

ときには正しい判断を下すことが、ほぼ無理に近いことがある。そういう場合、次のどちらかの道を選ばなくてはならない。ひとつは、もっと状況を明らかにしようと、さらに分析し、さらに考え、さらに相談し、さらに情報を集める。もうひとつは、あえてわからないまま行動を起こし、どうなるかを見てみて、それをもとに最初の判断を再検討する。

これらの選択に迫られたら、次の問いを考えてみるとよい。

「いま、行動を起こした場合、招きうる最悪の結果は何か？」

もしそれが仕事を失うとか、人間関係を壊すとか、戦争が勃発するとかならば、行動を起こすのは賢明ではないだろう。

もしリスクが対処可能なものなら、行動を控えるより、行動を起こすほうを考えたほうがいい。行動すれば、勢いが生まれる。状況の見えかたも変わり、意欲もわく。そのときにたいせつなのは、その行動がどういう結果をもたらしたかを把握し、必要なら、ただちに方針を変えるということだ。

いったん判断を下したからという理由だけで、最初の判断に縛られてはいけない。もしまちがいだとわかったら、できるだけ早く修正したほうがよい。有能なリーダーは断固としているが、柔軟でもある。考えを変えるのは、弱さではなく強さの証しだと知っているからだ。

## 目標をはっきりさせる

先延ばしを克服するうえで、目標をはっきりさせることはたいへん有効だ。目標に取り組みやすいよう、それをいくつかの小目標に分割して、紙に書こう。詳しくは26章を見てほしい。

## 他人に目標や計画を知ってもらう

自分は何々をするつもりだということを誰かに話したほうが、それを実行しやすくなる。約束や義務の感覚が生まれるからだ。自分の支えになってくれる者に目標や計画を知ってもらおう。同じ目標を持つ者に話すのもよい。友人と毎日いっしょにジョギングすることを約束し合えば、どんな天気のときでも、怠け心を抑えやすくなる。目標だけでなく、達成したことも人に知ってもらおう。そして小さな進歩ごとに、お祝いをしよう。そうすることで意欲を保てるだろう。

## 一時的に立ち止まる

ときには一時的に立ち止まって、息を抜いたり、分析したり、次の行動の計画を練ったりすることが必要だ。ただし、そのときにはあくまで「一時的」という意識を持とう。「終わった」と考えてはいけない。単なる気持ちの問題に思えるかもしれないが、心の持ちかたはたいへん重要だ。「終わった」と思って止まったら、完全にスイッチが切れてしまう。「一時的」という意識で止まれば、前進の態勢を保っていられる。

思考の達人は常に考えることを習慣にしている。だからよりよいアイデアをより多く思いつける。そしてそのなかから最善のアイデアを選んで、それを実行に移すことができる。

## 頭のなかで予行演習を行なう

頭のなかで予行演習を行なった場合と、行なわなかった場合とでは、本番で大きな差が出ることが、数多くの研究で証明されている。潜在意識はわたしたちの行動に大きな影響を及ぼす。

頭のなかであらかじめシミュレーションを行なうことで、いいイメージがその潜在意識に植え付けられる。プレゼンでも、会議でも、講演でも、ゴルフのショットでも、楽器の演奏でも、インタビューでも、事前に頭のなかで練習をしておくとよい。完璧なパフォーマンスを思い描こう。あらゆる重要な場面をそこで経験しておこう。また成功したときの喜びも味わおう。
そうすることで自信が深まり、実際に達成できることのレベルが劇的に高まる。本番前に一度は、頭のなかで予行演習をしておこう。

あなたの先延ばし度をチェックしよう

□1 ものごとを後回しにすることが多い。
□2 するべきことリストのほとんどのことが、たいていやり遂げられない。
□3 いち日の終わりになって、もっとできたはずだと思い、自分に腹を立てることがある。
□4 面倒だが重要なことより、楽しいことを優先させる。
□5 怠けていなければ、いままでの人生でもっと多くのことを成し遂げられていたはずだと思う。
□6 大きな課題に臨むときは、詳細な計画を立ててからでないと、行動を起こせない。

□7　最も重要なことにまっさきに取り組むようにしている。
□8　するべきことを紙に書いて、順番にそれらを片付けるようにしている。
□9　やりかたのわからない部分がある場合でも、まずは取りかかってみる。
□10　最後までやり遂げることが好きだ。

前半の六項目については「いいえ」の数を、後半の四項目については「はい」の数を数えよう。両方の合計が七項目以上なら、優秀だ。

# 29 よくあるまちがいを避ける

Common thinking errors

車が故障したら、遅かれ早かれそれに気づくだろう。異音がするとか、振動が強いとか、または車が動かないとかから、それはわかるはずだ。体が弱ったり、病気にかかったりすれば、その症状があらわれるだろうし、症状があらわれれば、きっとなんらかの対処をするはずだ。

ところが思考がありがちな誤りを犯しても、わたしたちはそれに気づかず、そのせいで愚かな判断をしつづけることがある。もし思考の健康診断というものがあって、医者に体をチェックしてもらうように、専門家に認識のプロセスをチェックしてもらえることができたら、どんなにすばらしいだろう。

以下にわたしたちを苦境に陥れる思考の誤りをいくつか紹介しよう。

## 手近さの誤謬

車を運転中、事故を目撃したら、おそらくそれからしばらくは速度を落として、安全運転を心がけるだろう。警察の車とすれちがったあとも、そうするかもしれない。同じように、空き巣の話を聞いたあとは、戸締まりに気をつけるようになり、宝くじの当選の話を聞いたあとは、宝くじを買いたくなる。

いくつかの異なる死因について、それぞれの起こる確率の高さを問われると、わたしたちは「ニュースになる」死因ほど、高い確率で起こると答えがちだ。航空機事故の話を聞かされると、たいていは、航空機事故で死ぬ確率をそれまでより高く見積もるようになる。自然災害の発生する確率が、実際より高く感じられるのは、ほかのもっと一般的な死因よりも、ニュースになることが多いからだ。

わたしたちは近い過去に見たり、聞いたりしたことに大きな影響を受ける。だからいちばん手近な情報ほど、重要視しようとする。そこから生まれるのが、手近さの誤謬《ごびゅう》だ。心理学者のスチュアート・サザーランドの『不合理な考え（Irrationality）』に、心理実験の例が紹介されている。

その実験では、まずふたつの被験者のグループに、それぞれちがう単語のリストを覚えさせた。いっぽうのグループが覚えさせられたのは、「冒険」「自信」「独立」「忍耐」という単語のリスト。もういっぽうのグループが覚えさせられたのは、「無謀」「うぬぼれ」「冷淡」「頑固」という単語のリストだ。

次に両グループに、まったく別の実験として、ある同じ物語を読ませた。それは危ないことを趣味にし、自分の腕に覚えがあり、友だちが少なく、いったんこうと決めたら考えを変えない若者についての物語だった。

被験者は物語を読んだあと、その若者の人物像を描くよう指示された。単語リストの実験とは関係のない実験であることは、はっきりと被験者に伝えられている。ところが、一番めのリストを覚えたグループのほうが、二番めのリストを覚えたグループより、好意的に若者を描いた。これはつまり、近い過去に覚えた言葉が、それとは関係のない人物の評価に、大きく影響したということだ。

わたしたちは最初に目にしたものに、強い影響を受けやすい。それは次のかけ算の実験でも証明されている。一番めのグループには、次のかけ算をさっと計算させた。

1×2×3×4×5×6×7×8

二番めのグループには、次のかけ算をさっと計算させた。

8×7×6×5×4×3×2×1

（みなさんも、このかけ算の答えがどれぐらいの値になるか、推測してみよう）結果は、一番めのグループの全員が、二番めのグループより低い値を答えるというものとなった。一番めのグループの答えの平均は512、二番めのグループの答えの平均は2250。そこにはかなりの開きができた。

最初に小さい数字を見た者は、その数字に影響されて、最初に大きな数字を見た者より、小さい値を答えた。最初に見た数字が、答えに偏りをもたらしたということだ。ちなみに、両グループとも大きく答えを外している。正解は40320だ。みなさんの答えは、いくつだっただろう？

手近さの誤謬がよく起こるのは、公平な見かたをせず、記憶に残りやすい例外的な事実にもとづいて、判断を下そうとするときだ。

たとえば、「たばこが体に悪いとは思わないな。だって、アーサーおじさんは毎日二十本吸ってたけど、九十二歳まで生きたんだから」というようなことを言う人がいる。アーサーおじさんの話はとても身近で、記憶に残りやすいが、喫煙者一般の代表例とはとうてい呼べない。または次のようなことを言う人もいる。「イタリア人はギャンブルが好きみたいだよ。ぼくが知ってる三人のイタリア人は、みんな、ものすごいギャンブラーだ」

この意見は三人のイタリア人に過度に影響され、ギャンブルをしない多数のイタリア人を無視している。

## 原因をまちがえる

一九三〇年代、一流の医学誌に、ニューイングランドとミネソタとウィスコンシンにおけるがんの発生率は、南部の州より高く、スイスとイングランドにおけるがんの発生率は、日本より高いという報告が掲載された。ニューイングランドとミネソタとウィスコンシンの人々は南部の人々より多くの牛乳を飲むことで知られていた。またスイスとイングランドの人々も、日本人より多くの牛乳を飲んでいた。

牛乳を飲むこととがんで死ぬこととのあいだには、強い統計的な相関関係が見つかった。そこでこの記事では、牛乳を飲むとがんになると結論づけられた。相関関係を確かな証拠と考える者は多かったが、それはまちがいだった。

もっと詳しい調査を行なったところ、牛乳を飲む地域のほうが牛乳をそれほど飲まない地域より、経済的に豊かで、平均寿命も長いことがわかった。がんにかかるのは主に高齢者なので、平均寿命の長い地域ほど、がんの発生率は高くなって当然だった。

同じように、大卒者のほうがそうでない者より、生涯収入は高くなるというデータがある。そこから、大学を出れば、高い収入を得られるという結論が導き出される。この結論を根拠に、大学生の学費支援は補助金の支給ではなく貸し付けにすべきだと言われたり、「大卒税」なるものの導入まで提案されたりしている。

しかしこの結論は正しいのか？　大学に進学する者はもともと頭がよく、勤勉で、自分の考えをうまく表現でき、問題を解いたりものを覚えたりすることを得意としている。これらの資質を備えていれば、大卒であろうとなかろうと、現代の会社では成功しやすいだろう。つまり大卒者が成功し、高い収入を得られるのは、それらの資質を持っているからであって、大学を卒業したからではないということだ。

マスコミはなんでもすぐに原因を見つけようとする。B市よりA市のほうが白血病の患者が多いことがわかると、A市にはその原因となるなんらかの問題があるにちがいないと決めてかかる。

イギリスでは、はしかとおたふく風邪と風疹を予防する混合ワクチン（MMRワクチン）の接種と、自閉症の発症とに関連があると言われたことがあった。各紙はこぞって、この主張を誇張した恐ろしい話を伝えた。

その後、詳細な調査によってこの関連は否定されたが、新聞報道の影響はあとまで尾を引いた。多くの親が子どもへのワクチンの接種を拒んだ結果、はしかが大流行して、多数の子どもの命が危険にさらされたのだ。

わたしたちは常に、こういう誤った決めつけから、身を守る必要がある。同じ結果をもたらすほかの原因がないかどうか、考えてみよう。

大卒と収入の高さの例のように、原因にも結果にもなる、共通の要素はないだろうか？がんの発生率の高さが牛乳ではなく長寿からもたらされていた例のように、まったく別の要素が原因になってはいないだろうか？

## ギャンブラーの誤謬

三枚のコインを投げたとき、三枚とも同じ向きになる可能性はかなり高く、四分の一の確率でそうなる。しかし百枚のコインを投げたときには、それらすべてが同じ向きになる可能性は途方もなく低い。

これはいわゆる大数の法則の例だ。この法則を誤解して、試行回数が増えるにつれ、合理的な、ある程度意図どおりの結果が出るようになると考える者が多い。

15章「確率を理解する」で紹介したギャンブラーの誤謬だ。コインや、ルーレットや、サイコロには記憶力がないことを思い出そう。コインも、ルーレットも、サイコロも前の試行にはまったく影響されない。

## 確証バイアス

これは自説と矛盾する情報より、自説と一致する情報を探そうとする傾向のことだ。

1章「なぜ考えかたを変えるのか」で紹介したピーター・ウェイソンの研究は、この傾向を鮮やかに浮かび上がらせている。わたしたちは自分がまちがっていることを示す証拠には、目を向けようとせず、自分の正しさを裏付けてくれる証拠を集めようとする。

## クラスターの錯覚

これはパターンのないところにパターンを見いだそうとする傾向だ。わたしたちは筋道の立ったことや、合理的に説明できることが好きなので、なんにでも秩序を求め、因果関係を探ろうとする。

『人間 この信じやすきもの』（守一雄・守秀子訳 新曜社、一九九三年）で知られるトーマス・ギロビッチの研究では、わたしたちがいかにたやすく、ランダムな連続物のなかにパターンがあると思い込んでしまうかが明らかにされている。

クラスターの錯覚は、偶然にすぎない出来事どうしを結びつける迷信や、偽科学や、陰謀説を生み出すことがある。中世の魔女裁判は、誤った因果関係を信じ込んで、無慈悲に原因を取り除こうとした例だ。災いが続いた村では、魔女が捜し出され、責任を負わされた。

## 認知バイアス

ウィキペディアには認知バイアスが三十七個ほどリストアップされている。そのうちのいくつかを紹介しよう。

**◇バンドワゴン効果**　おおぜいの人がしている（または信じている）という理由で、そのことをしようとする（または信じようとする）傾向。集団思考や群衆行動とも関連する。

◇**選択支持バイアス**　自分が選んだものを実際よりもよいものだと思う傾向。

◇**保守主義バイアス**　新しい証拠の重要性を認めようとしない傾向。

◇**授かり効果**　あるものを手に入れるために支払おうとする対価より、それを手放すときに要求する対価のほうが大きくなる傾向。

◇**極端さの回避**　極端さを避けようとする傾向。中間の選択肢があれば、それを選ぼうとする。

◇**フレーミング**　状況や問題に対して、過度に狭い取り組みかたや解釈のしかたをすること。また、データの示されかたによって、ちがう結論が導き出されるフレーミング効果というものもある。

◇**双曲割引**　あとでもらえる見返りよりすぐにもらえる見返りを選ぼうとする傾向。見返りをもらえる時期が現在に近いほど、この傾向は強まる。

◇**コントロール幻想**　明らかに自分ではどうにもならないことなのに、コントロールできる、または少なくともなんらかの影響を与えられると思う傾向。

◇**情報バイアス**　実質的な意味がなくても、情報を集めようとする傾向。

◇**決着欲求**　早く結論を下したい、答えを出したい、迷いや不確かさから解放されたいという欲求。個人の置かれた状況しだい（たとえば、時間的、社会的なプレッシャーを受けるなど）でこのバイアスは強まる。

◇**ここで作られたものではない** 従来からある製品や解決策を、「敵」や「劣った者」の生み出したものと見なし、軽視する傾向。

◇**結果バイアス** 判断を下した時点での妥当性ではなく、結果にもとづいて、判断の優劣を評価しようとする傾向。

◇**購買後の正当化** ものを買ったあと、あれこれと理由をつけて、いい買い物をしたと、自分を納得させようとする傾向。

◇**リアクタンス** 言われたことと反対のことをしようとする衝動。選択の自由が脅かされると感じたとき、それに抵抗しようとして生まれる。

◇**選択的知覚** 先入観でものを見ようとする傾向。

◇**現状バイアス** 同じ状態を保とうとする傾向。

◇**希望的観測** 事実や道理に従うのでなく、心地のよい想像にもとづいて、確信を抱いたり、判断を下したりすること。

◇**ゼロリスクバイアス** 大きなリスクを小さくすることより、小さなリスクをゼロにすることに力を入れる傾向。

# 30 脳を強化する

Boost your brain

脳は驚くほど強力で複雑な器官だ。脳内には約一兆個のニューロン（神経細胞）があり、それらが百兆個以上のシナプスによって結ばれている。そして、そのシナプスから思考やひらめきや記憶が生まれる。体内に摂取されたカロリーや、肺に吸い込まれた酸素の約四分の一は、脳で消費される。脳はいわば人体で最も強力な筋肉だ。

脳のトレーニングが脳機能の改善やぼけ防止に役立つことに関しては、すでにかなり多くの証拠がある。しかし具体的にどういう効果があるかはわかっていない。

「たしかにゲームをすれば、そのゲームはじょうずにできるようになるでしょう」とマサチューセッツ工科大学の神経科学の教授アール・ミラーは指摘する。

「大問題として残るのは、そのゲームで磨かれた能力が、日常のふつうの思考で使われるかどうかという点です。その点はまだ解明されていません」

とはいえ専門家の多くは、脳のトレーニングを続ければ、短期記憶や反応時間や一般的な知的能力を強化したり、アルツハイマーなどの思考力を弱らせる病気の発症を抑えたりできると、考えている。どうやら脳を使うことで、新しい脳細胞の成長を促せるようだという。

脳の能力は二十代後半にピークに達したあと、時間をかけて、ゆっくりと衰えていく。物理的な大きさの縮小とともに、思考能力が低下していく。しかし、トレーニングをすれば、この衰えを遅らせられる。

「脳への負荷には有益な効果があることに、ますます注目が集まっています」とジョージ・ワシントン大学の老化と健康と人間の研究所所長ジーン・コーエン博士は話す。

「脳に負荷をかけるたび、脳は修正されます。わたしたちは新しい脳細胞を作れるのです」

脳は適応性にとても富み、繰り返される行為によって成長する。だから、クロスワードを毎日続ければ、八十歳になっても、三十歳のときと同じぐらい、クロスワードを解けるだろう。脳トレのゲームや、パズルや、クイズや、数独や、チェスや、スクラブルなど、どれもたいへん効果的な脳のトレーニングになる。読書もいい。

著述家で神経科学者のナンシー・アンドレイアセンは次の四つを、それぞれ毎日三十分ずつ行なうようアドバイスしている。

## ❶ 知らない分野の勉強をする。

**2** 瞑想したり、考えにふけったりする。

**3** ものをじっと観察したり、描写したりする。

**4** 想像をする。

ダブリン大学の心理学の教授イアン・ロバートソンは「脳は可塑《かそ》性です。だから変えられます。経験によって物理的に鍛えられます」と述べ、その裏付けとして、二〇〇〇年にエレノア・マガイア博士によって行なわれたロンドンのタクシー運転手の脳の研究を紹介している。

その研究によると、タクシー運転手の脳は市内の詳しい地図を覚えておこうとして、大きくなっていた。脳スキャンの画像で、通常の人より海馬が大きいことが示されたという。海馬は運転のナビゲーションに関わる部位だ。タクシー運転手の経歴が長い者ほど、海馬は大きくなっていた。

イアン・ロバートソン教授は朝食時の音読や、関連物リストの作成（たとえば、青いもののリストとか、Aで終わるもののリストとか）や、ふだんとは逆の手を使った作業（いつも左手で髪をとかしているなら、右手でとかすなど）を推奨している。これらのトレーニングは脳になじみのないことをやらせることで、脳の活動を活発にできる。

脳という筋肉の力を最大限に引き出すためには、どうしたらいいか？　以下にいくつか、そのためにするべきことを紹介しよう。

## 1 使わなければ衰える

ベッドにずっと寝ていたら、筋力は衰える。テレビをずっと見ていたら、脳の力は衰える。筋力と同じで、脳にも適度に激しい運動が欠かせない。さまざまな研究で、脳を活発に使っている人ほど、年を取ってから、認知障害やアルツハイマー病を患わないことが示されている。脳に負荷をかけたり、刺激を与えたり、トレーニングをさせたりする方法はいろいろある。さまざまなゲームで遊ぶことも、効果がある。

## 2 脳に栄養を与える

食べ物のなかには、脳の機能を向上させるものと、妨げるものとがあることがわかっている。脳にいちばんいいのは、新鮮な果物や野菜だ。果物や野菜には抗酸化物質や、精製されていない炭水化物や、葉酸が豊富に含まれている。全粒粉や、オートミール、レンズ豆はビタミンB1（チアミン）や良質の炭水化物の摂取に役立つ。脂肪分の多い魚に含まれるオメガ3脂肪酸や、亜麻仁油も、脳にとてもいい。タンパク質も必要だ。それは卵や魚や赤身の肉で摂るとよい。ビタミンDも欠かせない。ビタミンDは日光を浴びることで生成されるほか、乳製品からも摂取できる。同時に、水や、果物のジュースや、ハーブティーもたっぷりと飲んだほうがよい。一方、アルコールや、ドラッグや、砂糖や、脂肪は脳によくないことが知られている。とくに、常習的な大量摂取はよくない。

## 3 学びつづける

最高の脳のトレーニング方法は、とにかく学びつづけることだ。毎日、毎週、毎年、学習を続けよう。本で学んでもいいし、CDやDVDやインターネットを利用してもいい。研究で明らかにされているように、学ぶこと自体に、脳の発達を促し、機能を維持する効果がある。だから何を学ぶのでもかまわない。教育を受けている人ほど、精神疾患や退行性脳疾患にかかりにくいようだ。

## 4 変化は生活のスパイス

マンネリ化した生活では、脳は鍛えられない。仕事でも、レジャーでも、趣味でも、会話でも、旅行でも、人付き合いでも、変化を加えることで、脳は刺激され、活発に動く。ふだんとちがうことをすると、脳は新しい方法を探り、それに対処しようとする。たとえば、この本を逆さにして、読もうとしてみよう。脳は新しい状況に直面して、苦労するが、みごとに対処するはずだ。

## 5 体を動かす

運動は脳にいい。とくに、脳の血液や酸素の巡りをよくする効果がある。早歩きやランニングでもいいが、もっと頭を使ったり、複雑に体を動かしたりする運動のほうが効果は高い。スイングについて考えたり、ショットの計画を立てたりするゴルフや、相手の裏をかこうとするテニスならば、体と頭の両方が使われる。同じように社交ダンスや、サルサや、タンゴや、ラインダンスもとてもよい。リズムや、ステップや、相手との呼吸の合わせかたや、体の動かしかたなど、あらゆることに同時に集中しなくてはならないからだ。

## 6 よく眠る

睡眠は脳と体を癒して、疲れを取ってくれる。ひと晩寝ることで、問題についてのよりよい解決策が見つかる場合もある。睡眠は記憶の強化や改善にもつながる。よく眠れるようにするためには、適度に運動をして、就寝前には胃もたれのするものやカフェインを控えるようにしよう。またなるべく風通しのいい静かな部屋で、固めの心地のよいベッドで寝るのがよい。カナダでのある研究によると、試験勉強をしてからたっぷりと眠る学生のほうが、徹夜で試験勉強をする学生より、テストの成績がよいという。

## 7 読書をする

いい本や雑誌を読むことは、脳に刺激を与えるとても有効な方法だ。毎日、読書に時間を割くようにしよう。詳しくは13章「言葉で考える力を伸ばす」を見てほしい。

## 8 暗記する

記憶力を鍛えよう。詳しい方法については、21章「記憶力を最大限に高める」で紹介している。記憶力も毎日の訓練で高めることが可能だ。

## 9 数字を使う

毎日、意識して暗算をするようにしよう。計算機やコンピュータをなるべく使わず、頭のなかで計算してみよう。スーパーやレストランで支払いをするときには、前もって自分で計算しておく。レジで紙幣を使うときは、必ず、お釣りを計算して、金額を確かめる。機会のあるごとに足し算や、引き算や、掛け算や、割り算をするようにしよう。脳のいいトレーニングになる。

## 10 音楽を聴く

じっくり耳を傾けてみよう。音楽も、意思の伝達に使われる人間の言語のひとつだ。話す言語とは大きく異なり、普遍的に理解されうる力を持っている。音楽を聴くと、脳のいろいろな部位が刺激されて、発達するとともに、気分も変わる。クラシックでも、ジャズでも、ブルースでも、ポップスでも、曲を聴きながら「ここで作曲家は何を言おうとしているのだろう?」とか「作曲家はどのようにそれを言おうとしているのだろう?」と考えてみよう。それぞれの楽器に個別に耳を澄ませて、その楽器の果たしている役割を理解し、それらを融合させてひとつの統一的な効果を生み出している作曲家の腕前を堪能しよう。メロディーや、ハーモニーや、音程や、リズムや、音色に聴き入ってみよう。主旋律の反復や、展開や、対立にも注意してみよう。長調から短調への切り替えに気づけるだろうか? どういうコード進行が使われているか、わかるだろうか? 音楽には無限の豊かさがある。わたしたちは誰でも、学べば、もっと深く音楽を味わえるようになる。

## 11 外国語を習う

わたしたちの思考は自分の使っている言語の影響を受ける。外国語を学んで、その国の文化の一端を吸収すれば、視野が広がって、新しい角度からものが見られるようになる。学生時代に習った言葉を学び直してもいいし、まったく知らない言葉に挑戦してもいい。会話学校に行ってみよう。脳にものすごい負荷がかかるだろう。あなたの脳は母国語とはちがう規則やかぎられた語彙のもとで、なんとかコミュニケーションを図ろうとして、フル回転するはずだ。外国語の映画を観たり、新聞や本や子ども向けの本を読んだりもしてみよう。ペンパルも作ってみよう。その国に行って、その国の言葉でその国の人とも話してみよう。脳はふだんの倍ぐらい働かなくてはならないが、力を振り絞って、適応しようとするはずだ。

## 12 教える

「学びたいことがあったら、それを教えるのがいい」とよく言われる。人に教えるというのは、知的にも、人間的にも、たいへんなことだ。どうしたら生徒たちの学習を助けられるか？　どうしたら成長につながる発見をしたり、経験をしたりするよう生徒たちを導けるか？　どうしたら授業を楽しくできるか？　そういうことができたら、生徒も学べ、自分も学べる。

## 13 知性の高い人と付き合う

話がおもしろくて、知的で、読書家で、教養があって、はっきりとした自分の意見を持っていて、刺激的で、いっしょにいて楽しい、そういう人と付き合おう。そういう人がまわりにいない場合は、そういう人と知り合うための計画を立てよう。退屈で、いつも決まりきった話しかしない人物は、なるべく避けたほうがよい。おもしろい話ができる相手、自分とは世界観が異なって、こちらの意見に反論したり、もっと深く考えるよう促したりしてくれる相手と、多くの時間を過ごすようにしよう。つまらない話ばかりする者や、意見を持たない者や、あなたにいつも同意する者とは、あまり多くの時間を過ごさないほうがよい。これはエリート主義とか気取りとかの問題ではない。脳に必要な知的な会話ができるかどうかの問題だ。

### 14 ボランティア活動をする

慈善活動に取り組んで、ふだんとはちがう状況に自分を置いてみよう。困っている人を助けると同時に、自分も相手から学ぶことができる。

### 15 歌う

合唱クラブに入って、ほかのパートとハーモニーを奏でる合唱に挑戦してみよう。

この章の要点は、明確だ。脳は訓練や、挑戦や、刺激を必要としているということだ。

!

# まとめ——思考の達人のためのチェックリスト

Summary - a check list for the brilliant thinker

思考の達人は答えより問いを使う。そこで、本書の要点も次のように五十の問いの形に、まとめてみた。

□1 自分のいちばんたいせつな信念についても、反対の意見に耳を傾けられるか？
□2 自分の考えと矛盾する事実があったら、それを受け入れられるか？
□3 第三者には状況がどう見えるかを考えているか？
□4 正しいツールを使って、問題を分析しているか？
□5 解決を図る前に、どのように問題の理解を深めたらいいか？
□6 言葉を操る能力を常に高めようと努力しているか？
□7 基礎的な数学に自信があるか？
□8 ものごとの理解や伝達や説明に、図や絵を役立てているか？
□9 マインドマップを使って、情報を整理したり、表現したりしているか？

□10 新聞やインターネットを使って、自分の考えの正しさを検証しているか？
□11 自分の感情を意識し、コントロールしているか？
□12 別の角度から問題に取り組むための方法を知っているか？
□13 どういう思い込みがあるかや、反対のことをしてみたらどうなるかを考えているか？
□14 無作為に選び出した言葉や物や場所や人を手がかりにして、創造的なアイデアを生み出せるか？
□15 結論に飛びつく前に、じゅうぶんに質問をしているか？
□16 斬新で鋭い質問ができるか？
□17 相手の答えに注意深く耳を傾けているか？
□18 突飛な組み合わせを思いつけるか？
□19 デ・ボーノの六つの帽子を使って、問題を別の角度から検討できるか？
□20 アイデアを出すときには拡散的思考を使い、アイデアを評価するときには集中的思考を使っているか？
□21 数多くのアイデアを出してから、それを絞り込む作業をしているか？
□22 最善のアイデアを選ぶための基準を設けているか？

□23 変化や刺激のある生活をしているか、それとも毎日、同じことを繰り返しているか？

□24 会話や人脈作りや議論や説明の上達方法を知っているか？

□25 いい本をたくさん読んでいるか？

□26 さまざまな音楽をじっくり聴いているか？

□27 判断を下す前に、問題について熟考し、アイデアを寝かせているか？

□28 数学や、統計や、確率の知識は足りているか？

□29 前向きな者たちと付き合い、前向きな生きかたをしているか？

□30 ペア式順位法など、厳密な判断のためのツールを使っているか？

□31 釘付け法や、空想旅行を使って、記憶力を高めているか？

□32 人の名前をちゃんと思い出せるか？

□33 新しい場所へ出かけたり、新しい人と知り合ったりしているか？

□34 失敗から、意識して学ぶようにしているか？

□35 リスクや失敗を前向きに捉えているか？

□36 教えたり、説明したりするために、物語が使えるか？

□37 笑いに満ちた生活を送るためのこつを知っているか？

□38 世のなかに貢献をしようと本気で思っているか？
□39 みずからが自分のコーチとなって、厳しく、建設的なアドバイスをしているか？
□40 自分がいかに恵まれているかを知り、そのことに感謝しているか？
□41 はっきりとしたSMARTな目標を持ち、それを紙に書いているか？
□42 いちばん重要なことに的を絞っているか？
□43 先延ばしを克服して、するべきことをするためにはどうしたらいいか？
□44 重要度の低いことは誰かに任せたり、切り捨てたりできるか？
□45 緻密に考えているか、それとも、ありがちな誤りを犯しているか？
□46 どうしたら楽しみながら、脳を鍛えられるかを知っているか？
□47 健康に留意し、じゅうぶんな睡眠を取っているか？
□48 仲間をやる気にさせたり、励ましたり、助けたりしているか？
□49 この本を読んで、自分がいちばんするべきだと思ったことは何か？
□50 なんでも成し遂げられるとしたら、一生のあいだに何を成し遂げたいか？

たえず問い、スキルを磨き、脳を鍛え、新しい角度から問題に取り組めば、思考の生産性はぐんと高まる。ちがう考えかた、よりよい考えかたをして、思考の達人になろう。

## 答え

### 3章の意地悪クイズの答え

1　完全な暗闇では、どの動物にも何も見えない。
2　頭の上。
3　現大統領がそのまま大統領でありつづける。
4　ひとつの大きな干し草の山がある。
5　まだ生きているから。
6　ゼロ。バナナをひと口食べたら、その時点で、お腹は空っぽではなくなるから。
7　穴。

### 9章の「エレベーターに乗った男」の答え

背が低いから。一階のボタンは押せるが、七階より上のボタンは高すぎて、手が届かない。

**HOW TO BE A BRILLIANT THINKER**
by Paul Sloane



# ポール・スローンの 思考力《しこうりょく》を鍛《きた》える30の習慣《しゅうかん》

著　　者　ポール・スローン
訳　　者　黒輪篤嗣《くろわあつし》
カバーデザイン　ヤマシタツトム
本文デザイン・DTP　河石真由美《かわいしまゆみ》（CHIP）
本文イラスト　井川泰年《いかわやすとし》

発　　行　株式会社　二見書房
〒101-8405
東京都千代田区三崎町 2-18-11 堀内三崎町ビル
電話　03（3515）2311［営業］
03（3515）2313［編集］
振替　00170-4-2639
印　　刷　株式会社　堀内印刷所
製　　本　合資会社　村上製本所



ISBN978-4-576-10190-3
http://www.futami.co.jp